DIE WELT DER COCKTAILS

VON KLASSISCH BIS TRENDY

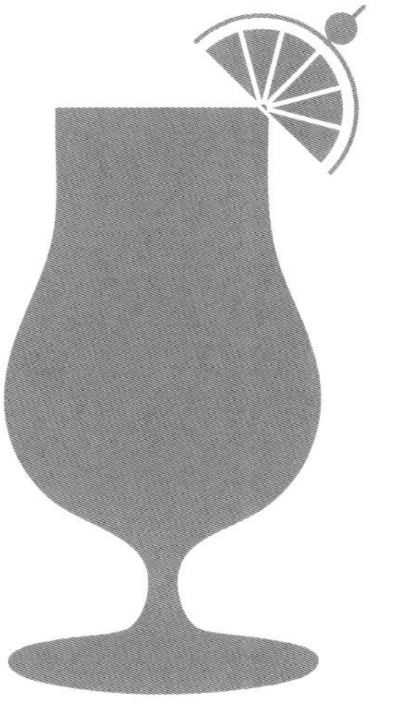

compact via

Abkürzungen

bl	Barlöffel
cl	Zentiliter
splash	großer Spritzer
dash	kleiner Spritzer
ml	Milliliter
l	Liter
g	Gramm
EL	Esslöffel
TK	Tiefkühl...
Vol.-%	Volumenprozent

Die Icons im Rezeptteil erleichtern das Auffinden folgender Drink-Kategorien:

Drink von der aktuellen Enchilada-Cocktailkarte

PROFI Profi-Drinks für Fortgeschrittene

Express-Drinks – wenn es mal schnell gehen soll

compact via ist ein Imprint der Compact Verlag GmbH

Baierbrunner Straße 27, 81379 München
Ausgabe 2013

Text: siehe Nachweis S. 256
Chefredaktion: Dr. Matthias Feldbaum
Redaktion: Isabel Martins
Produktion: Frank Speicher
Abbildungen: siehe Nachweis S. 256
Titelillustration Glas: fotolia.com/leremy
Gestaltung: h3a GmbH, München
Umschlaggestaltung: h3a GmbH, München

ISBN 978-3-8174-9366-1
381749366/1

www.compactverlag.de

In Zusammenarbeit mit Enchilada Franchise GmbH

VORWORT

DIE WELT DER COCKTAILS

REZEPTE

VORWORT

Cocktails haben die wunderbare Fähigkeit, Menschen zusammenzubringen: Ein schöner Abend unter Freunden – das ist bereits seit über 20 Jahren das Motto in den Enchilada-Restaurants in ganz Deutschland. Enchilada steht für mexikanische Köstlichkeiten, leckere und hochwertige Cocktails sowie für lateinamerikanisches Lebensgefühl. Und dieses Gefühl soll jetzt auch zu Ihnen nach Hause gebracht werden!

Nun beansprucht jede Bar und jedes Restaurant besonderen Geschmack und hervorragende Qualität als Attribute für sich. Was unterscheidet aber dieses Cocktailbuch von anderen? Gibt es nicht schon genügend Cocktailbücher auf dem Markt? Was vermittelt dieses Buch, was andere nicht machen? Ganz einfach: Es ist für alle Fans des Enchilada gemacht und für alle, die es werden wollen.

Mexikanische Lebensfreude pur und im Glas. Hier findet sich über 20 Jahre angesammeltes professionelles Wissen für alle, egal ob Hobby-Mixer oder Barkeeper. Jeder findet etwas für seinen Geschmack und seine Fertigkeiten – vom Klassiker wie einem Martini Cocktail bis hin zu trendigen Kreationen mit Holunder oder Lychee Likör, ob für den herben Geschmack oder etwas mit süßer und fruchtiger Note. An vielen Stellen finden sich darüber hinaus hervorgehobene Tipps von unseren Experten: Hintergrundwissen, zu beachtende Besonderheiten oder Kniffe und Tricks, derer sich die Profis bedienen.

Alle Rezepte des Buches gab es oder gibt es aktuell im Enchilada – wer also seine Favoriten bereits gefunden hat, der kann diese ab sofort auch zu Hause mixen, shaken oder rühren.

Viel Spaß dabei!
Ihr Enchilada-Bar-Team

Und wenn Sie mal keine Lust haben, Ihre Cocktails selbst zu mixen, kommen Sie doch ins Enchilada: Jeden Tag haben wir bis 20:00 Uhr Happy Hour (alle Cocktails zum Special Preis) und ab 22:30 Enchilada Hour (alle Jumbos und Margaritas zum Special Preis)!

Für unsere Drinks verwenden wir bestimmte Marken und Produkte, die unseren Drinks ihren ganz eigenen, charakteristischen Geschmack geben. Diese haben wir hier aufgelistet:

Vodka	**Basic Spirit Vodka**	Bei den Basic-Spirit-Produkten handelt es sich um eine Abfüllung von Qualitätsspirituosen, die sich perfekt zum Mixen eignen und die im Fachhandel erhältlich sind.
	Smirnoff	Manchmal nehmen wir Smirnoff, weil er weniger Eigengeschmack hat und so in manchen Cocktails nicht so dominant ist, wie etwa im Vodka Bull oder im Cosmopolitan.
Rum	**Basic Spirit Rum**	Dieser Rum ist sehr mild.
	Pampero Blanco	Hat mehr Eigenaroma als Basic Spirit und im Vergleich zu Pampero Especial weniger Eigengeschmack. Wir verwenden ihn dann, wenn andere Zutaten in den Vordergrund gerückt werden sollen, z. B. beim Mojito.
	Pampero Especial	Sehr aromatisch und sehr dominant im Geschmack. Er wird verwendet, wenn das Rumaroma gut mit den Zutaten des Drinks harmoniert, z. B. beim Cuba Libre.
	Myers's Rum	Sehr fruchtig und schwer im Aroma; wir verwenden ihn besonders dann, wenn das Rumaroma eine starke, aber ausgewogene Note mitbringen soll, wie etwa beim Planter's Punch.
	Captain Morgan Spiced Gold	Dieser Spiced Rum eignet sich besonders gut zum Mixen, da er sehr mild ist, aber trotzdem eine starke süße Würze hat; er ist z. B. für Captain Cola ideal.
Tequila	**Basic Spirit Agavenbrand**	Dieser Agavenbrand wird wie Tequila aus Agaven gewonnen, kommt jedoch nicht aus den vier geschützten Tequila-Regionen. Daher darf er sich nicht Tequila nennen. Die herbe Agavennote harmoniert sehr gut mit fruchtigen Noten.
	Cuervo Especial Silver	Dieser Tequila wird dann verwendet, wenn das Agavenaroma durchscheinen soll, wie etwa beim Cosmo de Agave und grundsätzlich beim Classic Shaken.
	Cuervo Especial Reposado	Er wird dann verwendet, wenn man Agavenaroma und eine mildere Tequilanote haben will, wie z. B. beim Golden Margarita.
	Hochwertiger Tequila (1800 Reposado/Don Julio Reposado)	Durch die lange Fasslagerung bekommt damit jeder Drink eine eigene und ganz besondere Note. Jeder Tequila schmeckt in Verbindung mit Zitrone und/oder Limette anders. Der Geschmack muss entscheiden, in welchem Drink welcher Tequila bevorzugt wird. So nehmen wir etwa 1800 im Very Best Margarita oder Don Julio im Don Negroni.
Liköre	**Basic Triple Sec**	Dieser Orangenlikör hat eine feine Bitterorangennote. Er wird dann bevorzugt verwendet, wenn der Eigengeschmack der Spiritouse nur leicht zum Vorschein kommen soll.
	Grand Marnier	Grand Marnier wird mit Cognac veredelt. Dieser Likör ist dadurch sehr aromatisch und intensiver als übliche Orangenliköre; er eignet sich z. B. für den Cosmopolitan sehr gut.
	De Kuyper Liköre	Diese Liköre sind besonders hochwertig und perfekt auf unsere Cocktails abgestimmt. Wir verwenden sie z. B. im Bounty.
	Amaretto Disaronno	Dies ist der beste Amaretto auf dem Markt. Er hat eine angenehme Süße mit einem starken Mandelaroma, das aber nicht künstlich schmeckt. Wir verwenden ihn etwa in der Nutty Colada.
Gin	**Basic London Dry Gin**	Diesen Gin verwenden wir beispielsweise im Soma Bay oder im Gin Fizz.
	Tanqueray Gin	Tanqueray hat eine intensive Wacholdernote, die sich im Drink bemerkbar macht, wie etwa im Tanqueray Tonic.
	Gordon's Gin	Gordon's hat eine leicht fruchtige Note und eine insgesamt angenehme Milde.
Alkoholfreies	**Vaihinger Säfte**	Wir empfehlen Vaihinger Säfte, da diese qualitativ sehr hochwertig und auch geschmacksintensiv sind.
	Schweppes	Wir benutzen Schweppes-Produkte, weil sie überall leicht verfügbar sind und bei unseren Gästen sehr gut ankommen. Alle anderen Hersteller bedienen oft spezielle Geschmäcker.
	DV7 Sirupe	Wir empfehlen DV7 Sirupe, da diese bei einer angenehmen Süße ein starkes fruchtiges Aroma haben.

DIE WELT DER COCKTAILS – GENUSS PUR!

Ob kunterbunt und witzig dekoriert oder klar und minimalistisch: Cocktails gibt es in den verschiedensten Farben und Variationen. Gemein ist all den köstlichen Drinks, dass sie mehr als „nur" ein erfrischendes Getränk sind – Cocktails sind Kunst im Glas. Die unterschiedlichsten Zutaten, Konsistenzen und Geschmäcker werden auf stilvolle Weise zu einem kreativen Ganzen vermischt.

Expertentipp

Enchilada PURO MÉXICO

Anders als heute, galten Cocktails lange Zeit nicht nur als Genussmittel, sondern hatten vor allem den Zweck, stark gesundheitsgefährdende Stoffe wie Methanol und andere sogenannte Ester in minderwertigem Alkohol zu überdecken. Das hat sich mittlerweile geändert. Spirituosen werden bei ihrer Herstellung strengen Kontrollen, qualitativen Standards und strengen Gesetzen unterworfen. Die Qualitätsstufen der unterschiedlichen Destillationen bis hin zu den genauen Vorschriften auf Alters- und Alterungsangaben ist inzwischen gesetzlich geregelt. Es kommt kein Getränk auf den Markt, das nicht bereits pur genießbar ist und auch gut schmeckt. Heute stehen Genuss, geschmackliche Vielfalt und das Zelebrieren der Zubereitung beim Mixen im Vordergrund.

Damit Sie die besten Drinks nicht nur in Ihrem Lieblingslokal, sondern auch zu Hause aus der eigenen Hausbar genießen können, sind auf den nächsten Seiten die besten Tipps, die wichtigsten Grundkenntnisse und die kreativsten Anregungen rund um das Thema Cocktails zusammengestellt. Lassen Sie sich inspirieren – und nichts wie ran an den Shaker!

Eine kleine Cocktailkunde: von Aperitif bis Sour

Ein guter Barkeeper lernt sein Know-how zwar hauptsächlich hinter der Bar, aber um etwas Theorie kommt niemand herum, der etwas über seinen Tellerrand hinausschauen will. Zum Barkeeper-Basiswissen gehört vor allem, die verschiedenen Drinkarten unterscheiden zu können. Hier das ABC der gängigsten Sorten:

Aperitif: Ein solcher Drink wird traditionell vor einem Essen gereicht. Er soll zum einen den Appetit und die Vorfreude anregen, zum anderen aber auch die Wartezeit, bis alle Gäste zu Tisch gekommen sind und das Essen zubereitet ist, verkürzen. In der Regel wird ein Aperitif ohne Eis serviert; das wird in der Fachsprache auch als „straight up" bezeichnet. Als Aperitif kommen alle trockenen Cocktails, die als Grundlage eine Basisspirituose wie Gin, Vodka, Rum, Whisk(e)y, Kognak oder Tequila haben, infrage. Ein Klassiker ist beispielsweise der Manhattan.

Classic Cocktail: Als solche bezeichnet man Cocktails der ersten Stunde. Der Unterschied zu modernen Mixgetränken liegt vor allem in ihrem höheren Alkoholgehalt. Hier wird nur mit wenigen nicht alkoholischen Zutaten gearbeitet. Ursprünglich wurden nämlich Spirituosen nur mit geschmacklichen Essenzen versetzt, um die eher minderwertige Qualität des damaligen Alkohols zu überdecken. Heute ist dies bei Cocktails nicht mehr notwendig.

Colada: Als Coladas werden karibische Rum-Drinks bezeichnet, die mit Kokos, Frucht und Sahne zu einem süß-cremigen Drink gemixt werden. Die bekannteste Colada ist wohl die Piña Colada. Ursprünglich war sie ein alkoholfreier Ananas-Kokos-Cocktail. Inzwischen kennt sie aber jeder mit Rum und Sahne. Es gibt aber noch weitaus mehr Colada-Variationen als diesen Ananasklassiker!

Cuisine Style: Moderne Cocktails nutzen das gesamte Zutatenrepertoire der Küche aus. Unter Cuisine-Style-Cocktails versteht man Mixgetränke, die nicht nur mit Früchten, sondern auch mit Gewürzen wie Chili, Rosmarin, Zitronengras oder Basilikum arbeiten.

Digestif: Diese Drinks werden traditionell nach dem Essen gereicht. Sie sollen die Verdauung anregen und fördern. Verantwortlich hierfür sind in der Regel die im Digestif enthaltenen Kräuter und nicht, wie oft angenommen, der Alkohol.

Fancy Drink: Hier ist der Name Programm, denn diese Drinks sind besonders ausgefallen: Sie verwenden entweder seltene oder ungewöhnliche Zutaten oder sehen besonders bunt oder ungewöhnlich aus.

Fizz: Im Englischen bedeutet „fizz“ so viel wie „zischen“ oder „aufbrausen“. Und diese Cocktails machen dem Wort alle Ehre, denn sie enthalten kohlensäurehaltige Zutaten und schmecken daher besonders erfrischend. Die Basis eines Fizzes ist oft ein geschüttelter Sour, der mit Soda aufgefüllt wird.

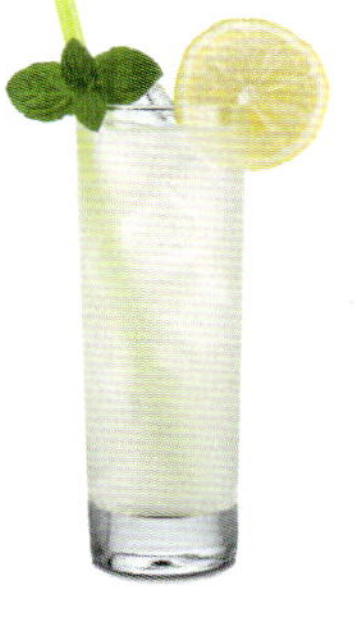

Longdrink: Ein Longdrink ist ein Cocktail wie etwa der Gin Tonic, der in einem hohen, schmalen Glas serviert wird. Er besteht in der Regel aus einer Spirituose, einem harmonierenden Filler (Soda, Cola, Saft) und viel Eis. Das Glas wird mit Eiswürfeln aufgefüllt. In der deutschen Gastronomie ist diese Form des Cocktails nicht mehr wegzudenken. Keine Bar, kein Restaurant und keine Diskothek kommt heutzutage ohne diese Drinks aus. Zurzeit erlebt der Longdrink eine Renaissance, bei der auch sehr hochwertige Spirituosen verwendet werden.

Margarita: Sie zählt zu den klassischen Cocktails und wird oft mit einem Salzrand am Glas serviert. Nach klassischem Rezept wird eine Margarita aus Tequila, Bitterorangenlikör und Limettensaft gemixt. Heute gibt es aber die verschiedensten Varianten, die beispielsweise mit Erdbeeren, Mango oder Agavensirup als Frozen Margaritas zubereitet werden können.

Shooter: Sie werden auch als Shots bezeichnet und bestehen nur aus Spirituosen, werden in sehr kleinen Gläsern (höchstens 6 cl Füllmenge) serviert und in einem Zug getrunken. Der wohl bekannteste Vertreter ist der B52.

Smoothie: Diese in der Regel alkoholfreien Drinks bestehen aus püriertem Obst oder Gemüse. Bei Bedarf kann noch Flüssigkeit zugegeben werden.

Sour: Dieser klassische Drink trägt seinen Namen, der übersetzt „sauer" bedeutet, aufgrund seines Geschmacks. Ein Sour wird aus Zitronensaft, Zucker und einer Spirituose geshakt. Bekannt ist vor allem der Whiskey Sour.

Expertentipp

Das Rühren wird in Fachkreisen auch „stir" (engl.: rühren) genannt. Im besten Falle sollte immer in einem dafür vorgesehenen und zuvor gekühlten Rührglas gerührt werden. Diese sind dickwandiger und halten mehr aus als normale (Trink-)Gläser.

Geschüttelt oder gerührt? Die wichtigsten Arbeitstechniken

James Bond wusste schon, warum er seinen Vodka Martini geschüttelt und nicht gerührt bestellt hat. Denn die Art und Weise, wie man einen Cocktail mischt, macht seinen Charakter aus. Auch wenn der Martini üblicherweise gerührt wird – James Bond tanzte eben schon immer aus der Reihe.

Nicht immer steckt hinter der Art des Mixens ein bloßer Mythos, sondern meist reine Physik. So lassen sich einige Flüssigkeiten leichter miteinander vermengen als andere.

Expertentipp

Bei Cocktails und Longdrinks, die kohlensäurehaltige Zutaten beinhalten, sollte der Löffel nur leicht von unten nach oben durch das Glas gezogen werden, um die Kohlensäure nicht herauszurühren, und das nur, wenn es das Rezept auch explizit vorsieht.

Das weniger intensive **Rühren** ist daher für Flüssigkeiten geeignet, die ähnliche physikalische Eigenschaften aufweisen und sich daher leicht miteinander vermischen. Eiswürfel werden dabei zum Kühlen ohne Kraftaufwand durch die Flüssigkeit bewegt. Man geht dabei vorsichtig vor, um den Drink nicht zu verwässern und um Eissplitter zu vermeiden. Bekannte Beispiele für Cocktails, die (normalerweise) gerührt werden, sind Martini Cocktails und der Manhanttan.

Etwas stärker wird gerührt, um geschnittenes Obst, Eis und/oder schwer lösliche Zutaten wie Zucker zu vermischen.

Expertentipp

Beim Shaken sollte darauf geachtet werden, dass der kleine Becher des Shakers zum Körper zeigt. Durch diese Haltung kann vermieden werden, dass Wände oder gar Gäste versehentlich angespritzt werden, falls sich der Shaker öffnen sollte. Damit das nicht passiert, sollte man außerdem mit der Hand die komplette Verschlusskante des Shakers fest umschließen. Weiterhin gilt: Beim Shaken wird grundsätzlich mit langen, schnellen Zügen gearbeitet. Das Ziel ist die optimale Kühlung des Drinks und, je nach Zutaten, eine schöne Schaumkrone entstehen zu lassen, ohne dabei den Drink zu sehr zu verwässern. Deshalb werden beim Shaken auch immer kompakte Eiswürfel verwendet und kein Crushed Ice.

Sollen Flüssigkeiten mit unterschiedlicher Dichte vermengt werden, kommt man mit bloßem Rühren oft nicht weit. Dann ist das **Shaken** die Erfolg versprechendste Mixmethode. Geshakt werden beispielsweise Cocktailklassiker wie ein Sour.

Shaken dient aber nicht nur dem Vermengen der Zutaten, sondern hat auch geschmacklich einen besonderen Effekt. Gerade Gewürze oder Kräuterblätter können ihre Aromen beim Shaken besonders gut entfalten. Auch das leichte Verwässern des Cocktails hat einen Vorteil, denn er wird milder. Dominante Spirituosen und andere geschmackliche Nuancen lassen sich so besser kombinieren.

Expertentipp

Da Sahne die Eigenschaft hat, sich an der Becherinnenseite anzusetzen, sollte beim Dry Shaken immer eine etwas größere Menge, als im Rezept angegeben, verwendet werden. Auf diese Weise hat man nicht zu wenig davon im Glas.

Eine Besonderheit gilt bei kohlensäurehaltigen Getränken: Diese dürfen niemals mitgeshakt werden, da die Kohlensäure im Shaker zu sehr schäumen und aus dem Getränk entweichen würde. Außerdem würde der Shaker durch den sich aufbauenden Druck aufspringen. Daher werden kohlensäurehaltige Getränke am besten immer erst ganz zum Schluss in den Drink gegeben.

Expertentipp

Beim Shaken unterscheiden Profis verschiedene Methoden: Bei **Hard Shakes** ist ein fester, breitbeiniger Stand nötig, wobei vertikal und in kraftvollen Stößen geshakt wird. Diese Methode dient dem „Ausklopfen" von Geschmack aus Gewürzen und Blättern. Beim **Dry Shaken** wird ohne Eis geshakt. Es eignet sich gut, um beispielsweise Sahne anzuschlagen, etwa beim White Russian.

Neben Rühren und Shaken ist **Layern** oder **Floaten** eine Arbeitsmethode beim Mixen, und zwar eine, die optisch besonders viel hermacht. Dabei werden zwei oder mehr Flüssigkeiten unterschiedlicher Dichte direkt im Glas aufeinandergegeben, sodass sie sich optisch voneinander abtrennen und bunte Schichten entstehen.

Built in glass – „Im Glas gemacht" bedeutet diese Arbeitsmethode wörtlich übersetzt. Es ist also kein Shaker notwendig, sondern die Zutaten werden direkt ins Gast- bzw. Servierglas gegeben. Beispielsweise bei gefloateten Cocktails oder Longdrinks spricht man von „built in glass".

Expertentipp

Gearbeitet wird beim Layern/Floaten mit einem Barlöffel, über den Flüssigkeiten unterschiedlicher Dichte vorsichtig ins Glas gegossen werden. Was die Reihenfolge des Schichtens angeht, merkt man sich am besten folgende Faustregel: Besonders süße Flüssigkeiten kommen als unterste Schicht ins Glas, leichtere darüber. Der Zuckergehalt bestimmt nämlich das Gewicht der Flüssigkeit: Je mehr Zucker sie enthält, desto schwerer ist sie.

Eine Methode, die etwa für Frozen Margaritas zum Einsatz kommt, ist das **Blenden**. Drinks werden im Blender, einem Elektromixer, zubereitet. Neben Crushed Ice wird den Grundzutaten auch mal frisches oder gefrorenes Obst zugegeben. Hier aber unbedingt darauf achten, dass nie zu viel Eis oder Frucht auf einmal zugegeben wird, damit der Mixer nicht überlastet wird! Außerdem keine Eiswürfel, sondern Crushed Ice verwenden, um den Mixer zu schonen.

Gutes Werkzeug, bessere Drinks – die wichtigsten Hilfsmittel

Dass ein guter Barkeeper stets ausgesuchte, hochwertige Spirituosen und Mischgetränke für seine Cocktails verwendet, liegt nahe. Darüber hinaus sollte aber auch bei der Wahl des Werkzeuges Wert auf Qualität gelegt werden. Nicht nur aufgrund der Langlebigkeit, sondern auch wegen des Komforts beim Zubereiten macht sich hochwertiges Zubehör bezahlt. Und eine gut bestückte Hausbar wird durch hochwertige Accessoires zum echten Schmuckstück. Dies sind die wichtigsten Bestandteile für Ihre private Barkeeper-Karriere:

Da jeder Cocktail in einem anderen **Glas** serviert wird, ist es sinnvoll, eine entsprechende Auswahl verschiedener Glasformen und Größen in der Hausbar zu haben. Die wichtigsten Glasformen stellen wir deshalb im nächsten Kapitel vor.

Der **Shaker** gehört wohl zu den wichtigsten Werkzeugen eines Barkeepers. Es gibt ihn in zwei- oder dreiteiligen Ausführungen: Der zweiteilige Boston Shaker besteht aus einem Edelstahl- und einem Glasbecher; zusätzlich ist ein separates Barsieb nötig. Eine Sonderform dieses Shakers ist der Tin-Tin-Shaker; hier bestehen beide Becher aus Edelstahl. Diese sind etwas robuster, da Glas mit der Zeit springen kann. Dreiteilige Shaker enthalten einen Becher, ein integriertes Barsieb und eine Verschlusskappe. Da der Umgang mit einem separaten Barsieb etwas Übung erfordert, sind besonders Anfänger mit einem dreiteiligen Shaker gut beraten.

Der **Strainer** ist ein separates Barsieb, das man dann benötigt, wenn man einen Boston Shaker verwendet. Nach dem Shaken werden so Eiswürfel und andere Rückstände zurückgehalten. Jeder geshakte Cocktail muss abgestraint werden, da das zum Shaken verwendete Eis nicht mehr kühlt, sondern den Drink nur noch verwässert. Beim Kauf eines Strainers sollte darauf geachtet werden, dass seine Größe zum Shaker passt und er nicht zu leicht ist, um ein gutes Handling zu garantieren. Besonders stabil sind Geräte aus Edelstahl, da Plastik leicht bricht.

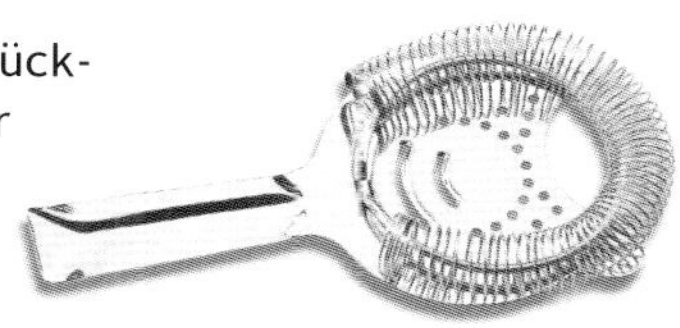

Wer das Cocktailmixen professioneller angehen will, legt sich auch ein **Finestrain-Sieb** zu. Dieses Sieb ist besonders feinmaschig, sodass es auch kleinste Eissplitter filtert. Bei frisch gepressten Säften und mitgeshakten (Kräuter-)Blättern sollte möglichst immer damit gearbeitet werden, um Rückstände im Glas zu vermeiden. Dieser Vorgang nennt sich Fine Strain oder Double Strain.

Ein **Rührglas** wird für Cocktails gebraucht, die gerührt werden. Es fasst bis zu 1 l Flüssigkeit und hat meist einen Ausgießschnabel, der das Tropfen des Cocktails verhindert.

Der **Jigger** ist ein kleiner Messkegel mit oder ohne Skalierung. Durchsichtige Jigger aus Kunststoff lassen ihre Inhaltsmenge leichter erkennen und vereinfachen damit das Handling. Sie gehen jedoch auch leichter kaputt als Jigger aus rostfreiem Stahl oder Aluminium. Besonders Anfänger sollten mit Jiggern arbeiten, damit die

Zutaten im richtigen Verhältnis ins Glas kommen. Erst mit ausreichend Übung empfiehlt es sich, auf einen Ausgießer umzusteigen.

Ausgießer sind Flaschenaufsätze, die das Portionieren beim Einschenken erleichtern. Dadurch, dass die flüssigen Zutaten eine konstante Fließgeschwindigkeit haben, kann man mit ausreichend Übung die Menge genau bestimmen. Es wird eine Vielzahl verschiedener Ausgießer in unterschiedlichen Designs und Materialien angeboten. Welcher der Richtige ist, bleibt Geschmackssache. Es empfiehlt sich jedoch, auf Ausgießer aus Kork zu verzichten. Hier ist die Anfälligkeit für Keime und Schimmel zu hoch.

Ohne langstielige **Barlöffel** kommt keine gute Bar aus. Beim Barequipment gibt es dabei die verschiedensten Löffelvariationen. Barlöffel mit einem Stößel benötigt man für Zerkleinerungsarbeiten, Löffel mit Layer (siehe Bild) für das effektvolle Aufeinanderschichten von Flüssigkeiten. Langstielige Barlöffel mit einer Gabel eignen sich besonders für die Fixierung von Obst. Jeder Barlöffel kann als Portionierhilfe verwendet werden. Die Einheit 1 bl bezieht sich auf die Füllmenge dieses Löffels und beträgt 0,5 cl.

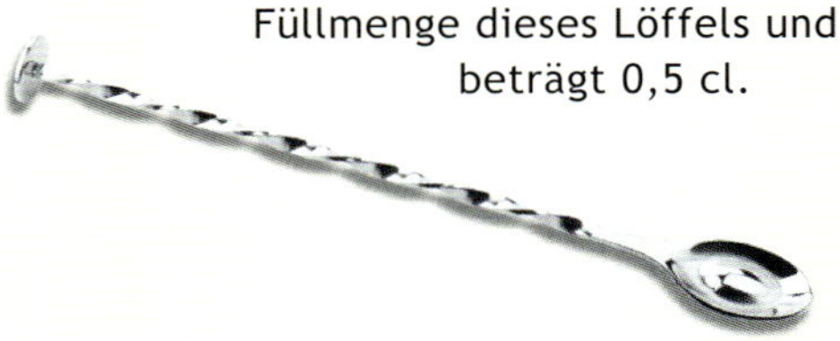

Auch **Zestenreißer** (oben Bild 1) sowie **Zestenschäler** (oben Bild 2) sind Bestandteile eines guten Equipments. Mit dem Zestenreißer kann man aus der Obstschale dünne Fäden für die Cocktaildekoration herstellen. Der Zestenschäler arbeitet etwas breit gefächerter;

1
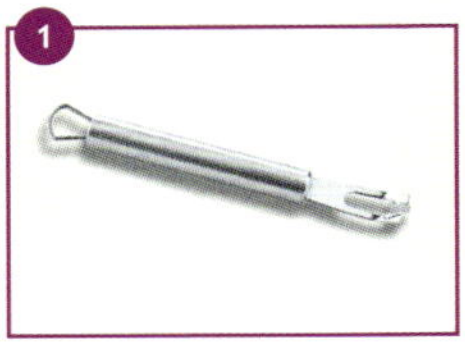

2
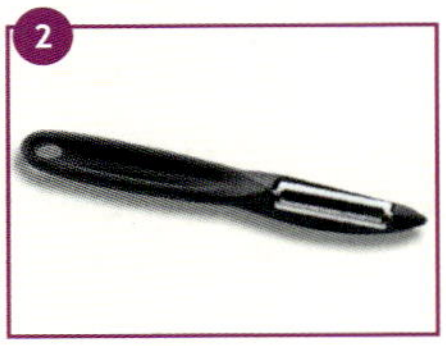

mit ihm erhält man etwas größere Zesten, die sich zu einer breiten Spirale wickeln und als ansprechende Dekoration verwenden lassen.

Expertentipp

Zesten, Stücke von Obstschalen, die von der äußersten Schicht der Schale abgelöst werden, haben die Aufgabe, Cocktails zusätzlich zu aromatisieren. Sie sollten nach dem Schälen immer über dem Glas „ausgewrungen", also „abgespritzt" werden. Das funktioniert am besten, indem man die Zestenenden mit beiden Händen zwischen Daumen und Zeigefinger fasst und über dem Glas wie ein nasses Handtuch eindreht (unten Bild 1). Dadurch öffnen sich die Poren der Schale, und das Aroma wird freigesetzt. Besonders wichtig ist dabei, dass die Früchte unbehandelt sind. Anschließend sollte man mit der Zeste über Rand und Stiel des Glases fahren, um das Aroma zu verstärken (unten Bild 2).

1

2

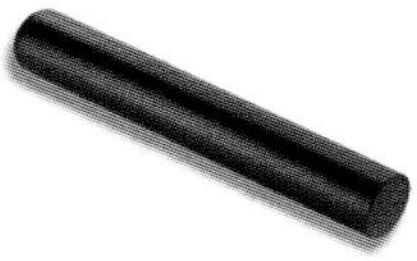

Auch ein **Stößel** gehört zur Grundausstattung. Und nicht nur für Caipirinha-Fans ist dieses elementare Cocktailwerkzeug unentbehrlich. Der klassische Stößel ist aus Holz; das sieht nicht nur gut aus, sondern macht ihn auch robust und relativ schwer, sodass er besonders gut in der Hand liegt. Es sollte darauf geachtet werden, den Holzstößel nach Benutzung gut zu reinigen, da Holz schnell anfällig für Keime und Schimmel ist. Bei häufiger Verwendung lohnt es sich daher, auf einen Kunststoffstößel zurückzugreifen.

Eine **Barschaufel** dient vor allem dem Zufüllen von größeren Mengen Eis. Eiswürfel oder Crushed Ice werden nicht nur zum Schutz vor kalten Händen mit der Schaufel transportiert, sondern auch aus hygienischen Gründen.

Daneben gehört auch eine **Zange** in jede gute Hausbar. Es mag anfangs etwas mühsam anmuten, jeden festen Bestandteil des Cocktails, etwa Obst, damit zu greifen, aber aus hygienischen Gründen macht die Verwendung durchaus Sinn. Deshalb unbedingt Früchte oder auch einzelne Eiswürfel mit einer Zange in den Drink legen.

Der **Blender** ist ein elektrischer Standmixer, den es speziell zum Mixen von Cocktails gibt. Feste Zutaten wie Eis oder Obst sollten nach und nach zugegeben werden, um den Mixer zu schonen. Aus dem gleichen Grund sollten auch keine Eiswürfel, sondern Crushed Ice verwendet werden.

Wertvolle Dienste leistet auch ein **Ice Crusher**. Es gibt diese Geräte manuell oder elektrisch betrieben. Auch hier ist Qualität wichtig, da diese andernfalls oft schnell kaputtgehen. Wer darauf verzichten will, muss bei der Herstellung von Crushed Ice eher umständlich vorgehen: Eiswürfel in einen Plastikbeutel geben und das Ganze in ein Küchentuch wickeln; dann das Eis mit einem Hammer oder etwas Vergleichbarem zerstoßen.

Auch eine hochwertige **Saftpresse** sollte in keiner gut sortierten Hausbar fehlen. Achten Sie beim Kauf darauf, ein robustes Gerät aus rostfreiem Material zu wählen. Außerdem gehört ein **Messer** hinter die Bar. Dabei genügt ein kleines Küchenmesser, das etwa zum Schneiden von Dekorationsobst verwendet wird.

Und Prost! Eine kleine Gläserkunde

Die Gläser, in denen die Drinks serviert werden, sind nicht bloß Mittel zum Zweck, sondern ein wichtiger Teil ihres Auftritts. Gute Barkeeper stimmen das Glas perfekt auf den Cocktail ab. Aber nicht nur optische, sondern auch geschmackliche Komponenten spielen bei der Wahl des passenden Cocktailglases eine wichtige Rolle. Entscheidend ist dabei vor allem die Art des Cocktails. So werden Drinks, die im Wesentlichen aus Spirituosen bestehen, in kleineren Gläsern oder Schalen mit einem geringeren Fassungsvermögen serviert.

Das klassische Cocktailglas ist die gewölbte, mehr oder weniger langstielige **Cocktailschale** mit einer weiten Öffnung. Eine spezielle Form dieses Glases ist das **Martiniglas**, dessen Schale trichterförmig und nicht gewölbt ist. Dieser Glasklassiker eignet sich für stärkere Drinks wie Martini, Manhattan oder Cosmopolitan. Da die Gläser relativ klein sind, werden diese Drinks grundsätzlich ohne Eiswürfel serviert. Um den Drink dennoch perfekt zu temperieren, sollten Cocktailschalen vor dem Servieren unbedingt gut gekühlt werden. Bewahren Sie sie hierfür einfach für ein paar Stunden im Kühlschrank oder kurz im Eisfach auf. Oder Sie kühlen sie mit Crushed Ice vor. Da aus langstieligen Gläsern und Schalen nie mit einem Trinkhalm getrunken wird, werden diese auch lediglich minimalistisch dekoriert.

Expertentipp

Dekorationen von Cocktailschalen sollten nur zur aromatischen Unterstützung beitragen, wenn der Drink zum ersten Mal an die Nase geführt wird. Danach wird die Deko gegessen oder auf einer Serviette entsorgt.

Ein weiteres typisches Glas für Drinks ist der **Tumbler**, der in der Umgangssprache auch als Whisk(e)yglas bekannt ist. Es ist ein halbhohes Becherglas mit massivem Boden (Bild Seite 15 oben). Dieser Gläsertyp eignet sich für alle Cocktails, die „on the rocks", also auf Eis, genossen werden.

Double Old Fashioned sind große Tumbler, die ein Fassungsvermögen von maximal 370 ml haben.

Ferner gibt es das **Longdrinkglas**. Es hat eine ähnliche Form wie der Tumbler, ist aber höher und schmaler. Drinks werden hierin stets mit Eiswürfeln serviert, wie etwa der Cuba Libre.

Ein weiteres charakteristisches und besonders dekoratives Glas für Cocktails ist das **Hurricane-Glas**. Das hohe und bauchige Glas sitzt auf einem vergleichsweise kurzen Stiel. Es wird für Cocktails verwendet, die viele Eiswürfel oder viel Crushed Ice benötigen, wie die Piña Colada. Auch viele alkoholfreie Cocktails oder Milchshakes werden gerne in diesem Glas serviert. Die ausladende Form macht es zudem geeignet für exotische Cocktails, die üppig dekoriert werden.

Grand-Cru-Gläser sind weniger hoch als Hurricane-Gläser, dafür noch bauchiger. Auch sie werden für viele Tropical oder Fancy Drinks wie die Coladas verwendet.

Jumbo-Gläser tragen ihren Namen vor allem wegen ihrer besonderen Größe. Serviert werden hierin gerne Cocktails mit hohem Saftanteil. **Shot-Gläser** haben eine Füllmenge von nur 2–6 cl und eignen sich daher bereits dem Wortsinn nach nur für einen „Schuss" Alkohol.

Sektgläser gibt es in Form von Tulpen oder Flöten. Durch die lang gezogene Form verliert der darin servierte Schaumwein nicht so schnell an Kohlensäure.

Heißgetränke, egal ob mit oder ohne Alkohol, werden in der Regel in Gläsern serviert, die einen Henkel haben. Der Sinn des Henkels liegt im Trinkkomfort; schließlich soll sich niemand die Finger am warmen oder gar noch heißen Glas verbrennen. Außerdem muss das Glas besonders fest und hitzeresistent sein.

Die Hausbar – die wichtigsten Spirituosen

Bitter bzw. **Bitterlikör:** Darunter versteht man alkoholische Würzzutaten, die vor allem klassischen Cocktails zugegeben werden. Sie bestehen meist aus zahlreichen Komponenten und sind, wie es der Name verrät, bitter im Geschmack.

Branntwein: Er wird aus Weindestillaten hergestellt und enthält mindestens 37,5 Vol.-% Alkohol. Dazu gehören Brandy, Weinbrand und Tresterbrände.

Gin: Diese farblose Spirituose hat als Basis hochprozentigen Agraralkohol (meist aus Getreide oder Melasse). Typischerweise werden darin Wacholderbeeren eingelegt, aber auch andere Gewürze wie Ingwer oder Koriander dienen der Aromatisierung und geben jedem Gin seinen charakteristischen Geschmack.

Likör: Diese Spirituosen enthalten mindestens 15 Vol.-% Alkohol. Anders als beim Branntwein wird der Alkohol hier nicht in Verbindung mit dem Endprodukt destilliert, sondern unabhängig davon hergestellt. Typisch ist auch der hohe Zuckergehalt.

Rum: Er stammt vor allem aus dem karibischen Raum und ist eine hochprozentige Spirituose, die aus Melasse oder Zuckerrohrsaft durch Vergärung und Destillation gewonnen wird. Teilweise wird er mit Karamellzucker gefärbt.

Tequila: Tequila ist ein Mezcal (Agavenbrand), der jedoch ausschließlich aus dem Saft der Blauen Agave hergestellt wird und nur aus den fünf geschützten Tequila-Regionen in Mexiko kommt. In der Regel hat Tequila zwischen 38 und 40 Vol.-% Alkohol. Es gibt ihn in Weiß (die Sorte wird direkt nach der Destillation abgefüllt) und Braun. Letzterer ist mit Zuckerkulör gefärbt oder als „Blend" aus weißem mit gealtertem Tequila sowie in verschiedenen Altersstufen erhältlich.

Vodka: Die Spirituose wird aus Getreide, Kartoffeln oder Melasse hergestellt. Charakteristisch ist der fast neutrale Geschmack, der nicht zuletzt dadurch entsteht, dass ihm in seiner reinen Form keine Aromen oder Aromastoffe beigegeben werden.

Whisk(e)y: Er wird durch Destillation von Getreidemaische gewonnen. Nach der Destillation wird er für mindestens drei Jahre in Holzfässern gelagert, bis er letztlich einen Alkoholgehalt von ca. 40 Vol.-% aufweist. Die unterschiedlichen Schreibweisen haben etwas mit dem Herkunftsort zu tun. Whisky kommt aus

Schottland, Whiskey dagegen aus Amerika. Es gibt aber auch Whisk(e)ys aus anderen Erdteilen. Jedes Land hat dabei andere Richtlinien und Gesetze bezüglich der Herstellung, die beispielsweise reglementieren, in welchen Fässern gelagert werden darf, welche Abfüllstärke das Destillat haben muss, Menge und verwendete Getreideart, ob und welche Zusätze erlaubt sind und vieles mehr.

On the rocks – Eis ist elementar

Viele Cocktails werden „on the rocks“, also mit Eiswürfeln, serviert. Andere Drinks, wie der Martini Cocktail, werden zwar ohne Eis getrunken, das Glas sollte zuvor aber unbedingt im Eisfach oder mit Eiswürfeln gekühlt werden.

Wird Eis verwendet, gibt es ein paar Grundregeln zu beachten. Das Eis sollte grundsätzlich frisch, trocken, sehr kalt, keinesfalls älter als zwei Wochen sein und stets verschlossen im Kühlfach lagern. Gerade wenn es dicht neben anderen Lebensmitteln gelagert wird, nimmt es nämlich deren Aromen an und verfälscht so den Geschmack des Cocktails.

Expertentipp

Unbedingt darauf achten, dass ausreichend und viel Eis zur Verfügung steht. Es wird nämlich bei mehreren Arbeitsschritten des Mixens benötigt und nie mehrfach verwendet. So verliert etwa das beim Shaken verwendete Eis an Kälte und beginnt zu verwässern, sodass es sich nicht mehr zum Servieren eignet.

Wer Eiswürfel verwendet, sollte auf den Unterschied zwischen Hohlkegeln und massiv gefüllten Eiswürfeln achten. Hohlkegel-Eiswürfel kühlen aufgrund ihrer größeren Eisfläche zwar besser; sie schmelzen und verwässern den Cocktail aber dann auch schneller. Denn je größer die Oberfläche des Eiswürfels ist, desto schneller schmilzt er.

Expertentipp

Beim Mixen spielt es überdies auch eine Rolle, welche Art von Eis man verwendet. So hat Crushed Ice im Gegensatz zu herkömmlichen Eiswürfeln die Eigenschaft, schnell und stark zu kühlen, jedoch schmilzt es auch sehr schnell. Es eignet sich daher besonders gut für Getränke, die nicht geshakt und schnell auf Trinktemperatur gebracht werden müssen.

Eis ist nicht nur Mittel zum Zweck, sondern kann durchaus auch dekorative Aufgaben erfüllen. Besonders hübsch sind spezielle Formen, wie Herzen oder Buchstaben, sowie Einschlüsse, wie Himbeeren oder (essbare) Blüten.

Das Auge trinkt mit – Dekoration und Garnitur

Ein Cocktail soll ein Gesamterlebnis für alle Sinne sein. Es geht daher nicht nur um Geschmack und Konsistenz, sondern natürlich auch um die Optik. Ein guter Barkeeper findet das perfekte Maß, den Cocktail zwar attraktiv zu dekorieren, dabei aber nicht zu überladen und so vom Wesentlichen abzulenken. Das Getränk sollte der Mittelpunkt des Genusserlebnisses bleiben. Wie schlicht oder üppig Sie die Dekoration gestalten, richtet sich auch nach der Anzahl der Gäste. Je mehr Personen Sie bewirten wollen, desto schlichter und einfacher sollten Sie die Deko halten, damit nicht zu viel Zeit verloren geht.

Ob und wie viel dekoriert wird, hängt überdies von der Form des gewählten Glases ab. Aperitifgläser und solche mit einer besonders großen Glasöffnung werden normalerweise gar nicht oder nur sehr sparsam dekoriert. Möchte man hingegen einen Cocktail, der in einem Hurricane- oder Longdrinkglas serviert wird, „aufhübschen“, darf man schon ein wenig kreativer vorgehen.

Frische Früchte sind wohl die beliebteste Dekoration. Grundsätzlich gilt es, bei der Verzierung solches Obst zu verwenden, das auch schon im Cocktail verarbeitet wurde. Auf diese Weise schafft man eine geschmackliche Harmonie. Ob man frisches oder tiefgefrorenes Obst verwendet, ist oft Geschmackssache.

Expertentipp

Tiefkühlobst hat den Vorteil, dass es saisonunabhängig und stets von gleichbleibender Qualität ist. Zudem kühlt gefrorenes Obst den Drink. Bei frischem Obst wie Äpfeln oder Birnen sollten sofort nach dem Aufschneiden die Schnittflächen mit etwas Zitronensaft beträufelt werden, damit sie nicht braun werden. Gerade wenn viele Cocktails zubereitet werden sollen, sind solche Arbeitsschritte jedoch oft mühsam. Hierfür bietet sich die Verwendung von Obstsorten an, die nicht oder kaum geschnitten werden müssen. Vor allem Physalis oder Cocktailkirschen sind daher eine ideale Deko. Man kerbt sie mit einem scharfen Messer an ihrer Unterseite ein und befestigt sie damit am Glasrand.
Ebenfalls mit minimalem Aufwand sind Zesten oder Obstschalen als Dekoration herzustellen. Dabei unbedingt das weiße Gewebe an der Schale entfernen, denn es enthält Bitterstoffe, die geschmacklich vom Cocktail ablenken könnten.

Ein typisches Dekoelement für Cocktails ist auch der Trinkhalm. Er wird jedoch nur zu Drinks gereicht, die in einem großen Glas mit relativ enger Öffnung serviert werden. In Schalen oder kleinen Gläsern würden die Halme nämlich keinen Halt finden.

Expertentipp
Immer beliebter wird auch das Dekorieren mit Kräutern, die in den Drink gegeben werden. Vor allem in klaren Cocktails sehen sie besonders attraktiv aus. Zu den beliebtesten Kräutern zählen Minze und Rosmarin. Sie sollten immer frisch verwendet werden. Der Vorteil bei Rosmarin ist seine lange Haltbarkeit. Auch Minze lässt sich relativ lange lagern, sofern man sie mit Stängel aufbewahrt; also die Blätter vor der Lagerung keinesfalls abzupfen!

Ein besonders nützliches Dekoelement ist auch die Serviette, die gern zu Cocktails gereicht wird. So kann angesammeltes Kondenswasser aufgefangen werden. Und sie ist auch nötig, falls Obstkerne, Holzstäbchen oder andere Reste der Dekoration abgelegt werden wollen.

Viel Freude beim Zubereiten, Ausprobieren und Anstoßen!

Express-Drinks

Profi-Drinks

MARGARITAS

CLASSIC MARGARITA (ABB. S. 21)

Für 1 Drink:
1 Stück Zitrone
Salz
4 cl weißer Tequila
2 cl Triple Sec
3 cl Lime Juice
1 cl Lemon Juice
2 cl Zitronensaft
1 Zitronenscheibe (unbehandelt)

1 Mit der Zitrone am äußeren Rand einer Cocktailschale entlangfahren. Salz auf einen kleinen Teller geben und den feuchten Glasrand im Salz drehen. Dabei sollte sich ausschließlich am äußeren Glasrand Salz befinden.

2 Ein Shakerglas mit Eiswürfeln füllen. Tequila mit Triple Sec, Lime Juice, Lemon Juice und Zitronensaft dazugeben. Shaker fest verschließen und kräftig shaken.

3 Die Classic Margarita in eine gekühlte Cocktailschale abstrainen. Zitronenscheibe an den Glasrand stecken und dann den Drink sofort servieren.

Expertentipp
Wem der Cocktail zu viel Alkohol enthält, der nimmt einfach etwas weniger Tequila und dafür ein wenig mehr Saft.

CLASSIC FROZEN MARGARITA

Für 1 Drink:
3 cl weißer Tequila
1,5 cl Triple Sec
1,5 cl Lime Juice
1,5 cl Lemon Juice
1 Zitronenscheibe (unbehandelt)

PROFI

1 Den Tequila mit Triple Sec, Lime und Lemon Juice in den Blender geben. Knapp 1 Eisschaufel Crushed Ice zugeben und den Blender verschließen.

2 Die Zutaten blenden, bis alles eine joghurtähnliche Konsistenz hat. Daher bei Bedarf noch etwas Crushed Ice zugeben und die Zutaten nochmals blenden, bis der Drink die gewünschte Konsistenz hat.

3 Den Drink in einen Tumbler gießen. Die Zitronenscheibe dekorativ an den Glasrand setzen und die Classic Frozen Margarita servieren.

BLUE MARGARITA

Für 1 Drink:
4 cl weißer Tequila
2 cl Blue Curaçao
3 cl Lime Juice
1 cl Lemon Juice
2 cl Zitronensaft
1 Zitronenscheibe (unbehandelt)

1 Ein Shakerglas mit Eiswürfeln füllen. Weißen Tequila, Blue Curaçao, Lime Juice, Lemon Juice und Zitronensaft dazugeben. Den Shaker fest verschließen und die Zutaten kräftig shaken.

2 Blue Margarita durch ein Barsieb in eine gekühlte Cocktailschale abstrainen. Für die Dekoration die Zitronenscheibe an den Glasrand stecken und den Drink dann sofort servieren.

Expertentipp
Wir empfehlen, geshakte Margaritas in einer Cocktailschale mit Salzrand zu servieren. Dafür den Glasrand mit einem Stück Limette oder Zitrone einreiben. Dann Salz auf einen kleinen Teller geben und den feuchten Glasrand hineindrücken. Bevor der Drink in das Glas abgestraint wird, den Innenrand der Schale vom Salz befreien, da die geshakte Margarita sonst zu salzig schmeckt.

Blue Curaçao gibt diesem Drink seine charakteristische blaue Farbe. Dieser Orangenlikör wird aus den (getrockneten und eingelegten) Schalen einer Pomeranzenart hergestellt. Neben der blau gefärbten Variante gibt es Curaçao auch in Klar, Grün oder Rot. Die Liköre stammen ursprünglich von der gleichnamigen Insel; heute werden sie aber weltweit hergestellt, da der Name nie als Marke geschützt wurde. Ihr Alkoholgehalt liegt zwischen 20 und 40 Vol.-%. Damit auch alkoholfreie Drinks blau gefärbt werden können, gibt es inzwischen blaue Sirupe ohne Alkohol, die den Geschmack von Orange enthalten.

TOMMY'S MARGARITA

Für 1 Drink:
4 cl Tequila Reposado
3 cl Agavensirup
2,5 cl Limettensaft, frisch gepresst
1 Limettenscheibe (unbehandelt)

1 Ein Shakerglas mit Eiswürfeln füllen. Den Tequila mit Agavensirup und dem frisch gepressten Limettensaft dazugeben. Shaker fest verschließen und kräftig shaken.

2 Tommy's Margarita durch ein Barsieb in eine gekühlte Cocktailschale abstrainen. Für die Dekoration die Limettenscheibe an den Glasrand stecken und den Drink sofort servieren.

Expertentipp
Die Cocktailschale sollte unbedingt gut vorgekühlt werden, da der Drink ohne Eiswürfel serviert wird. Dafür am besten Eis verwenden. Die Gläser sollen den Cocktail nicht unnötig erwärmen, sondern den Drink über einen gewissen Zeitraum kühl halten.

Die Margarita ist der wohl bekannteste Tequila-Cocktail. Benannt wurde sie nach einer Frau; nach welcher ist aber nicht ganz klar. Wie um viele Drinks, so ranken sich auch um ihre Entstehung und Namensgebung mehrere Geschichten:

Eine Version nennt die Schauspielerin Marjorie (in Mexiko „Margarita") King als Namensgeberin des Drinks. Der Barkeeper Carlos Herrera soll den Cocktail in den 1930er-Jahren für sie kreiert haben. Eine andere Geschichte nennt die High-Society-Dame Margarita Sames als Erfinderin. Sie soll den Drink bei einer Poolparty in Acapulco erstmals serviert haben. Außerdem nennen Quellen die Tänzerin Margarita de la Rosa aus Guadalajara als Namensgeberin. Entstanden ist der Klassiker in jedem Fall zwischen 1920 und 1940 in den USA oder in Mexiko.

GOLDEN MARGARITA

Für 1 Drink:
4 cl Tequila Reposado
2 cl Grand Marnier
4 cl Lime Juice
2 cl Lemon Juice
3 cl Zitronensaft
½ Orangenscheibe (unbehandelt)

1 Ein Shakerglas mit Eiswürfeln füllen. Tequila mit Grand Marnier, Lime Juice, Lemon Juice und Zitronensaft dazugeben. Den Shaker fest verschließen und kräftig shaken.

2 Den Drink durch ein Barsieb in einen gekühlten Tumbler abstrainen. Für die Dekoration ½ Orangenscheibe an den Glasrand stecken und die Golden Margarita sofort servieren.

Expertentipp
Beim Shaken muss unbedingt darauf geachtet werden, dass der Shaker fest verschlossen ist. Außerdem sollte der kleine Becher zum Körper zeigen, und die Hand sollte die Verschlusskante fest umschließen. So kann verhindert werden, dass sich der Shaker öffnet und dann Gäste oder Wände angespritzt werden.

Eine von zahlreichen Geschichten, die sich um die Entstehung der Margarita ranken, stammt aus einem Barbuch aus dem Jahr 1924:

Ein mittelloser mexikanischer Fischer sah in einer Stadt, in die er kam, die schöne Tochter des dortigen Gouverneurs und verliebte sich unsterblich in sie; ihr Name war Margarita. Als er in sein Dorf zurückkehrte und das Mädchen nicht vergessen konnte, versuchte er, seinen Kummer in Alkohol zu ertränken. Er soll sich mit einer Mischung aus Tequila, Zitronensaft und einem halbsüßen Likör getröstet haben. Dazwischen nahm er der Legende nach immer etwas Salz, das er direkt von seinem Handrücken leckte. Seine Freunde taten es ihm nach und benannten das Getränk nach der unerreichbaren und schönen Margarita.

THE VERY BEST MARGARITA

Für 1 Drink:
1 Stück Zitrone
Salz
5 cl Tequila Reposado
2 cl Grand Marnier
3 cl Lime Juice
2 cl Lemon Juice
4 cl Zitronensaft
1 Zitronenscheibe (unbehandelt)

1 Für die Dekoration den Glasrand eines gut gekühlten Tumblers mit dem Stück Zitrone einreiben. Salz auf einen kleinen Teller geben und den feuchten Glasrand hineindrücken.

2 Ein Shakerglas mit Eiswürfeln füllen. Tequila mit Grand Marnier, Lime Juice, Lemon Juice und Zitronensaft dazugeben. Den Shaker fest verschließen und kräftig shaken.

3 Den Drink durch ein Barsieb in den vorbereiteten Tumbler abstrainen. Für die Dekoration die Zitronenscheibe an den Glasrand stecken und die Margarita sofort servieren.

Expertentipp
Wir haben lange an diesem Margarita-Rezept gefeilt. Am besten schmeckt sie uns, wenn man dafür den José Cuervo 1800 Reposado verwendet.
Die ideale Shake-Methode ist es, lange und dabei gleichzeitig schnelle Bewegungen zu machen. Der Shaker sollte möglichst viel Eis enthalten; dabei aber unbedingt Eiswürfel verwenden, denn Crushed Ice verwässert zu schnell. Geshakt wird ca. 5–10 Sekunden, so erhält man auch eine schöne Schaumkrone.

Lime und Lemon Juice sind Konzentrate aus Limetten- und Zitronensaft, die zusätzlich noch gesüßt sind. Sie geben vielen Drinks ein charakteristisches säuerlich-süßes Aroma und sollten in keiner Hausbar fehlen. Frisch gepresste Säfte können Lime und Lemon Juice nicht ersetzen.

BANANA MARGARITA

Für 1 Drink:
3 cl weißer Tequila
1,5 cl Triple Sec
1 cl Lime Juice
1 cl Lemon Juice
1 cl Bananensirup
½ Banane
½ Zitronenscheibe (unbehandelt)

PROFI

1 Tequila mit Triple Sec, Lime und Lemon Juice sowie Bananensirup in den Blender geben. Banane schälen, grob klein schneiden und ebenfalls zugeben. Etwa ½ Eisschaufel Crushed Ice dazugeben.

2 Margarita-Zutaten kräftig durchmixen. Der Drink sollte eine joghurtähnliche Konsistenz haben; bei Bedarf daher nach und nach noch etwas Eis zugeben und alles nochmals blenden.

3 Den Drink in einen Tumbler gießen. Mit ½ Zitronenscheibe am Glasrand dekorieren und die Banana Margarita dann sofort servieren.

Expertentipp
Wenn es gleich mehr werden soll: Für einen Banana Margarita Pitcher 14 cl weißen Tequila, 7 cl Triple Sec, 5 cl Lime Juice, 5 cl Lemon Juice und 5 cl Bananensirup in den Blender geben. 2 Bananen schälen, grob klein schneiden und zugeben. Knapp 1 Eisschaufel Crushed Ice zugeben und das Ganze kräftig durchmixen. Konsistenz prüfen und bei Bedarf noch etwas mehr Crushed Ice hinzufügen. Dann alles nochmals blenden. In einen Pitcher mit 1 l Füllmenge abgießen und servieren.
Bei der Zubereitung im Mixer muss darauf geachtet werden, dass er nicht zu voll gemacht wird. Denn günstige Haushaltsmixer sollten nicht zu lange am Stück laufen, da sie dadurch leicht kaputtgehen oder an Kraft und Leistung verlieren.

FROZEN MEXICAN MARGARITA

Für 1 Drink:
4 cl weißer Tequila
1 cl Zitronensaft
1 cl Lime Juice
2 cl Agavendicksaft
1 Limettenscheibe (unbehandelt)

PROFI

1 Den Tequila mit Zitronensaft, Lime Juice und Agavendicksaft in den Blender geben. Knapp 1 Eisschaufel Crushed Ice zugeben und Blender verschließen.

2 Alle Zutaten kräftig durchmixen. Die Konsistenz des Drinks sollte joghurtähnlich sein; daher bei Bedarf noch etwas Crushed Ice zugeben und die Zutaten nochmals blenden, bis der Drink die gewünschte Konsistenz hat.

3 Den Drink in einen Tumbler gießen. Mit der Limettenscheibe dekorieren und die Frozen Mexican Margarita servieren.

Expertentipp
Soll der Drink gleich für mehrere Margarita-Fans reichen? Dann am besten einen Pitcher Frozen Mexican Margarita mixen: 16 cl weißen Tequila, 4 cl Zitronensaft, 4 cl Lime Juice und 8 cl Agavendicksaft in den Blender geben. Knapp 2 Eisschaufeln Crushed Ice zugeben und das Ganze kräftig durchmixen. Die Konsistenz sollte joghurtähnlich sein, daher bei Bedarf noch etwas mehr Crushed Ice zugeben und alles erneut blenden. In einen Pitcher mit 1 l Füllmenge abgießen und die Frozen Mexican Margarita servieren.

In Mexiko gibt es rund 130 Tequila-Hersteller, die über 900 unterschiedliche Marken produzieren. Der Großteil des Tequila, rund 80 %, kommt aus dem mexikanischen Bundesstaat Jalisco. Daneben darf er noch in einigen Bezirken der Bundesstaaten Michoacán, Tamaulipas, Nayarit und Guanajuato hergestellt werden.

ANANAS-KOKOS-MARGARITA

Für 1 Drink:
3 cl weißer Tequila
1,5 cl Triple Sec
1 cl Lime Juice
1 cl Lemon Juice
1,5 cl Kokos-Fruchtsirup
1,5 cl Ananassirup
½ Ananasscheibe

PROFI

1 Den weißen Tequila mit Triple Sec, Lime und Lemon Juice sowie Kokos- und Ananassirup in einen Blender geben. Ananasscheibe nochmals halbieren. Eine Hälfte davon schälen und ebenfalls in den Blender geben.

2 Etwa ½ Eisschaufel Crushed Ice in den Blender geben. Dann den Blender fest verschließen und die Margarita-Zutaten kräftig durchmixen. Die Konsistenz des Drinks sollte joghurtähnlich sein; bei Bedarf daher nach und nach noch etwas Crushed Ice zugeben und alles nochmals blenden.

3 Den Drink in einen Tumbler abgießen. Die übrige Ananasscheibe an den Glasrand stecken und Ananas-Kokos-Margarita servieren.

Expertentipp

Soll diese Margarita gleich für mehrere Personen reichen? Dann am besten einen Pitcher Ananas-Kokos-Margarita mixen. Dafür 14 cl weißen Tequila, 7 cl Triple Sec, je 5 cl Lime und Lemon Juice, 5 cl Kokos-Fruchtsirup, 5 cl Ananassirup und 2 geschälte und grob klein geschnittene Scheiben Ananas in den Blender geben. Knapp 1 Eisschaufel Crushed Ice zugeben und den Blender fest verschließen. Die Zutaten blenden. Sollte der Drink noch keine joghurtähnliche Konsistenz haben, noch etwas Crushed Ice zugeben und alles nochmals blenden. In einen Pitcher mit 1 l Füllmenge abgießen und den Drink servieren.

MANGO MARGARITA

Für 1 Drink:
3 cl weißer Tequila
1,5 cl Triple Sec
1 cl Lime Juice
1 cl Lemon Juice
2 cl Mangosirup
½ Zitronenscheibe (unbehandelt)

PROFI

1 Weißen Tequila, Triple Sec, Lime und Lemon Juice sowie Mangosirup in einen Blender geben. Knapp 1 Eisschaufel Crushed Ice zugeben. Dann den Blender fest verschließen.

2 Die Margarita-Zutaten kräftig durchmixen. Der Drink sollte eine joghurtähnliche Konsistenz haben; deshalb bei Bedarf noch etwas Crushed Ice zugeben und alles nochmals blenden.

3 Die Mango Margarita in einen Tumbler abgießen. Den Glasrand mit ½ Zitronenscheibe dekorieren und den Drink servieren.

Expertentipp
Für einen Pitcher Mango Margarita 14 cl weißen Tequila, 7 cl Triple Sec, 5 cl Lime Juice, 5 cl Lemon Juice und 8 cl Mangosirup in den Blender geben. Knapp 2 Eisschaufeln Crushed Ice zugeben und den Blender fest verschließen. Das Ganze kräftig durchmixen und dann die Konsistenz prüfen. Bei Bedarf noch etwas Crushed Ice zugeben und nochmals blenden. In einen Pitcher mit 1 l Füllmenge abgießen und die Mango Margarita servieren.
Eine Frozen Margarita sollte eine cremige Konsistenz wie Joghurt besitzen; so kann sie auch mit einem Trinkhalm getrunken werden.

Eine Liebeserklärung an die Margaritas lieferte in den 1950er-Jahren das „Esquire Magazine“:

„She's from Mexico, Señores, and her name is the Margarita Cocktail – and she is lovely to look at, exciting and provocative.“

BIRNE-ZIMT-MARGARITA

Für 1 Drink:
3 cl Zimtlikör mit Tequila
1,5 cl Birnenlikör
2 cl Lime Juice
2 cl Lemon Juice
1 Birnenhälfte (Dose)
½ Zitronenscheibe (unbehandelt)

PROFI

1 Zimt- und Birnenlikör mit Lime und Lemon Juice sowie der Birnenhälfte in einen Blender geben. Knapp ½ Eisschaufel Crushed Ice dazugeben.

2 Den Blender gut verschließen und die Margarita-Zutaten kräftig durchmixen. Der Drink sollte eine ähnliche Konsistenz wie Joghurt haben, daher bei Bedarf noch etwas Crushed Ice zugeben und alles nochmals kräftig durchmixen.

3 Den Drink in einen Tumbler abgießen. Das Glas mit ½ Zitronenscheibe dekorieren und die Birne-Zimt-Margarita servieren.

Expertentipp
Soll das Rezept für mehrere Margarita-Begeisterte reichen? Dann am besten gleich einen Pitcher zubereiten. Dafür 12 cl Zimtlikör mit Tequila, 7 cl Birnenlikör, je 8 cl Lime und Lemon Juice sowie 2 Birnen aus der Dose in den Blender geben. Knapp 1 Eisschaufel Crushed Ice zugeben, den Blender fest verschließen und das Ganze kräftig durchmixen. Konsistenz prüfen und bei Bedarf mit etwas mehr Crushed Ice nochmals blenden. In einen Pitcher mit 1 l Füllmenge abgießen und dann die Birnen-Zimt-Margarita servieren.
Für Drinks, die im Blender zubereitet werden, sollte Crushed Ice verwendet werden; das schont den Mixer.

STRAWBERRY MARGARITA

Für 1 Drink:
3 cl weißer Tequila
1,5 cl Triple Sec
1,5 cl Lime Juice
1,5 cl Lemon Juice
1 bl Erdbeersirup
9 TK-Erdbeeren
½ Zitronenscheibe (unbehandelt)

PROFI

1 Weißen Tequila, Triple Sec, Lime und Lemon Juice mit Erdbeersirup und den gefrorenen Erdbeeren in einen Blender geben. Den Blender fest verschließen und die Zutaten kräftig durchmixen.

2 Danach die Konsistenz des Drinks prüfen, sie sollte joghurtähnlich sein. Sollte er zu flüssig sein, noch etwas Crushed Ice zugeben und alles nochmals blenden.

3 Den Drink in einen Tumbler abgießen. Das Glas mit ½ Zitronenscheibe dekorieren und Strawberry Margarita servieren.

Expertentipp

Und für einen Pitcher Strawberry Margarita 14 cl weißen Tequila, 7 cl Triple Sec, je 7 cl Lime und Lemon Juice, 2 cl Erdbeersirup und 36 TK-Erdbeeren in den Blender geben. Fest verschließen und das Ganze kräftig durchmixen. Die Konsistenz prüfen; sie sollte joghurtähnlich sein. Bei Bedarf etwas Crushed Ice zugeben und alles nochmals blenden. In einen Pitcher mit 1 l Füllmenge abgießen und Strawberry Margarita servieren.
Werden beim Blenden wie hier gefrorene Früchte verwendet, muss darauf geachtet werden, dass sie gründlich zerkleinert werden, sonst bleiben Klümpchen im Drink! Gefrorene Erdbeeren sollten 30 Minuten vor Gebrauch aus dem Gefrierfach genommen werden und leicht antauen, damit sie leichter zerkleinert werden können. Angetaute Früchte dürfen nicht mehr eingefroren werden.

PAPAYA-VANILLE-MARGARITA (ABB. S. 19)

Für 1 Drink:
3 cl weißer Tequila
1,5 cl Triple Sec
1 cl Lime Juice
1 cl Lemon Juice
1,5 cl Vanillesirup
4 Papayabällchen
½ Zitronenscheibe (unbehandelt)

PROFI

1 Den weißen Tequila mit Triple Sec, Lime und Lemon Juice, Vanillesirup und den Papayabällchen in einen Blender geben. Knapp ½ Eisschaufel Crushed Ice dazugeben und den Blender fest verschließen.

2 Die Zutaten für die Margarita kräftig durchmixen. Die Konsistenz des Drinks sollte joghurtähnlich sein, daher bei Bedarf noch etwas Crushed Ice zugeben und alles nochmals blenden.

3 Den Drink in einen Tumbler abgießen. Das Glas mit ½ Zitronenscheibe dekorieren und die Papaya-Vanille-Margarita servieren.

Enchilada restaurante y bar mexicano PURO MÉXICO

Expertentipp
Wer gleich für mehrere Leute diese Margarita zubereiten will, mixt am besten einen Pitcher. Dafür 14 cl weißen Tequila, 7 cl Triple Sec, je 5 cl Lime und Lemon Juice, 6 cl Vanillesirup und 16 Papayabällchen in den Blender geben. Knapp 1 Eisschaufel Crushed Ice zugeben und den Blender fest verschließen, dann das Ganze kräftig durchmixen. Konsistenz prüfen und bei Bedarf mit etwas mehr Crushed Ice blenden, bis die Konsistenz joghurtähnlich ist. In einen Pitcher mit 1 l Füllmenge abgießen und Papaya-Vanille-Margarita servieren.

CLASSIC DRINKS

GIN FIZZ (ABB. S. 45)

Für 1 Drink:
5 cl Gin
3 cl Zitronensaft
1 cl Lime Juice
3 bl Puderzucker
4 cl Soda
½ Zitronenscheibe (unbehandelt)
1 Cocktailkirsche

1 Ein Shakerglas mit Eiswürfeln füllen. Dann Gin, Zitronensaft, Lime Juice und Puderzucker dazugeben. Den Shaker fest verschließen und die Zutaten kräftig shaken.

2 3–5 Eiswürfel in ein Longdrinkglas füllen. Den Drink durch ein Barsieb in das Glas abstrainen und mit Soda aufgießen.

3 Die halbierte Zitronenscheibe an den Glasrand stecken und die Cocktailkirsche in den Drink geben. Dann den Gin Fizz servieren.

Der Gin Fizz wurde und wird gern als Aperitif oder als Anti-Kater-Drink getrunken.

43 SOUR

Für 1 Drink:
6 cl Licor 43 (Gewürzlikör)
4 cl Zitronensaft, frisch gepresst
1 cl Zuckersirup
1 bl Puderzucker
1 Orangenzeste (unbehandelt)

PROFI

1 Ein Shakerglas mit Eiswürfeln füllen. Den Gewürzlikör mit frisch gepresstem Zitronensaft, Zuckersirup und Puderzucker dazugeben. Den Shaker fest verschließen und die Zutaten kräftig shaken.

2 Ein Double-Old-Fashioned-Glas mit Eiswürfeln füllen und den Drink durch ein Barsieb in das Glas abstrainen. Die Orangenzeste über dem Drink abspritzen, also jeweils zwischen Daumen und Zeigefinger nehmen und leicht „auswringen“.

3 Die Orangenzeste dekorativ in das Glas setzen. Dann den 43 Sour servieren.

MARTINI COCKTAIL (ABB. S. 47)

Für 1 Drink:
5 cl Gin
1 bl Vermouth Extra Dry
1 Zitronenzeste (unbehandelt)
1 grüne Olive

PROFI

1 Gin und Martini in ein vorgekühltes Rührglas geben und mit Eis verrühren. Durch ein Barsieb in eine gut gekühlte Martinischale abstrainen.

2 Die Zitronenzeste über dem Drink leicht abspritzen, also zwischen Daumen und Zeigefinger nehmen und leicht „auswringen“. Die Olive auf einen Holzstick stecken und in den Martini geben, dann servieren.

Expertentipp
Wird ein Dirty Martini bestellt, gibt man dem Martini Cocktail 2–3 cl Flüssigkeit aus dem Olivenglas zu. Die salzige Lake trübt den Drink, daher der Zusatz im Namen.

Viele Prominente sind und waren erklärte Fans des Martini Cocktails. Dabei sind die Geschmäcker, was Zubereitung und Zusammensetzung angeht, sehr verschieden.

James Bond bevorzugt beispielsweise einen im Shaker auf Eis geschüttelten Vodka Martini, Winston Churchill, Ernest Hemingway und Clark Gable tranken ihn besonders trocken, Franklin D. Roosevelt war Liebhaber des Dirty Martini.

TOM COLLINS

Für 1 Drink:
5 cl Gin
2 cl Zitronensaft
1 cl Lime Juice
2 dash Angostura Bitter
1 cl Zuckersirup
6 cl Soda
1 Zitronenscheibe (unbehandelt)
1 Cocktailkirsche

1 Gin mit Zitronensaft, Lime Juice, Angostura Bitter, Zuckersirup und Eis in ein Rührglas geben. Das Ganze mit einem Löffel verrühren.

2 3–5 Eiswürfel in ein Longdrinkglas geben und den Drink abstrainen. Das Ganze mit Soda auffüllen.

3 Die Zitronenscheibe an den Glasrand setzen und die Cocktailkirsche in den Drink geben. Dann Tom Collins servieren.

MANHATTAN (ABB. S. 49)

Für 1 Drink:
4 cl kanadischer Whiskey
2 cl Martini Rosso
2 dash Angostura Bitter
1 Cocktailkirsche

1 Whiskey, Martini und Angostura in ein vorgekühltes Rührglas geben und mit Eis verrühren. Durch ein Barsieb in eine gut gekühlte Martinischale abstrainen.

2 Die Cocktailkirsche auf einen Holzstick stecken. Dekorativ in den Drink setzen und Manhattan servieren.

Dieser Klassiker wurde erstmals in einem amerikanischen Barbuch in den 1880er-Jahren erwähnt:
Ursprünglich wurde der Manhattan mit US-amerikanischem Rhye Whiskey gemixt, während der Prohibition setzte sich dann der kanadische durch. Als prominente Liebhaberin des Drinks galt lange Winston Churchills Mutter; dies wird aber heute oft bestritten. Entstehungsort und Namensgeber war wohl der New Yorker Club Manhattan.

MINT JULEP

Für 1 Drink:
3 Stängel Minze
1 Würfelzucker
4 dash Angostura Bitter
6 cl Bourbon
1 dash Soda

1 Minze waschen, trocken schütteln und Blätter von 2 Stängeln abzupfen. Den Würfelzucker auf einen Löffel geben und mit Angostura beträufeln.

2 Den Zucker in ein Double Old Fashioned geben. Minzblätter mit dem größten Teil des Bourbons zugeben und umrühren. Den übrigen Bourbon dazugeben, nochmals durchrühren und Soda zugießen.

3 Den Drink nochmals umrühren und mit Eiswürfeln auffüllen. Mit der übrigen Minze dekorieren und servieren.

Der Mint Julep ist nicht nur beliebt beim Kentucky Derby, sondern auch in der Filmbranche: Ohne ihn geht es in „Goldfinger“, „Vom Winde verweht“ oder „Der große Gatsby“ nicht.

BRANDY ALEXANDER (ABB. S. 51)

Für 1 Drink:
4 cl Brandy
3 cl Crème de Cacao dark
2 cl Sahne
Muskatnuss

1 Ein Shakerglas mit Eiswürfeln füllen. Brandy, Crème de Cacao und Sahne dazugeben. Shaker fest verschließen und kräftig shaken.

2 Den Drink durch ein Barsieb in eine gekühlte Martinischale abstrainen. Etwas Muskatnuss frisch darüberreiben und Brandy Alexander servieren.

Der Brandy Alexander gehört zu den After-Dinner-Drinks. Älter als diese heute besonders verbreitete Variante mit Brandy ist die, in der Gin verwendet wird. Dann wird gern weißer statt dunkler Kakaolikör verwendet. Diese Variante sollen John Lennon und Ringo Starr zeitweise besonders gern getrunken haben.

TROPICAL PROSECCO

Für 1 Drink:
2 cl kubanischer Rum
1 bl Zitronensaft
1 bl Maracujanektar
2 cl Orangensaft
6 cl Prosecco Spumante
1 Cocktailkirsche

1 Ein Shakerglas mit Eiswürfeln füllen. Rum, Zitronensaft, Maracujanektar und Orangensaft dazugeben.

2 Den Shaker fest verschließen und die Zutaten kräftig shaken. Anschließend durch ein Barsieb in eine gut gekühlte Cocktailschale abstrainen.

3 Den Drink mit Prosecco aufgießen. Dann die Cocktailkirsche in den Drink setzen und den Tropical Prosecco servieren.

SINGAPORE SLING (ABB. S. 53)

Für 1 Drink:
4 cl Gin
2 cl Cherry Heering (Kirschlikör)
3 cl Zitronensaft
1 cl Lime Juice
2 dash Angostura Bitter
1 bl Puderzucker
1 bl Grenadinesirup
2 cl Soda
½ Zitronenscheibe (unbehandelt)
1 Cocktailkirsche

1 Ein Shakerglas mit Eiswürfeln füllen. Gin, Kirschlikör, Zitronensaft, Lime Juice, Angostura Bitter mit Puderzucker und Grenadinesirup dazugeben. Shaker fest verschließen und kräftig shaken.

2 Eiswürfel in ein Longdrinkglas geben. Den Drink durch ein Barsieb in das Glas abstrainen und dann zum Schluss Soda aufgießen.

3 ½ Zitronenscheibe an den Glasrand stecken und die Cocktailkirsche in den Drink geben. Dann Singapore Sling servieren.

Der Singapore Sling wurde zwischen 1910 und 1915 im berühmten Raffles Hotel in Singapur zum ersten Mal kreiert. Das Originalrezept ging allerdings verloren.

DAIQUIRI

Für 1 Drink:
4 cl weißer Rum
2 cl Limettensaft
1 cl Zuckersirup
1 Limettenscheibe (unbehandelt)

1 Ein Shakerglas mit Eiswürfeln füllen. Rum, Saft und Sirup dazugeben. Den Shaker fest verschließen.

2 Alles kräftig shaken und dann in eine gekühlte Cocktailschale abstrainen. Die Limettenscheibe an den Glasrand setzen und dann den Daiquiri servieren.

Als besondere Liebhaber dieses Drinks galten (und gelten) Ernest Hemingway und John F. Kennedy.

LONDON BUCK (ABB. S. 55)

Für 1 Drink:
4 cl Gin
1 cl Zitronensaft
15 cl Schweppes Ginger B.
½ Zitronenscheibe (unbehandelt)

1 Den Gin in ein Double-Old-Fashioned-Glas gießen. 3–5 Eiswürfel dazugeben. Anschließend das Ganze mit Zitronensaft und Ginger B. aufgießen.

2 Die Zitronenscheibe in den Drink geben. Den London Buck servieren.

Expertentipp
Die Zubereitung eines Drinks, bei der die Zutaten nacheinander in das Gastglas gegossen werden, wird in der Fachsprache auch als „Built in glass“ bezeichnet.

TEQUILA SOUR (ABB. S. 43 HINTEN LINKS)

Für 1 Drink:
6 cl weißer Tequila
4 cl Zitronensaft, frisch gepresst
2 cl Rohrzuckersirup
1 bl Puderzucker
1 Orangenzeste (unbehandelt)

PROFI

1 Ein Shakerglas mit Eiswürfeln füllen. Tequila mit Zitronensaft, Rohrzuckersirup und Puderzucker zugeben. Den Shaker fest verschließen und das Ganze kräftig shaken.

2 Ein Double-Old-Fashioned-Glas mit Eiswürfeln füllen und den Drink durch ein Barsieb in das Glas abstrainen. Die Orangenzeste über dem Drink abspritzen, also jeweils zwischen Daumen und Zeigefinger nehmen und leicht „auswringen“.

3 Tequila Sour mit der abgespritzten Orangenzeste dekorieren. Dann den Drink sofort servieren.

Namensgebende Komponente der Sours ist der Saft einer Zitrusfrucht, der in seiner Grundform mit einer Spirituose und einem Süßungsmittel gemixt wird.

VODKA GIMLET (ABB. S. 57 RECHTS)

Für 1 Drink:
6 cl Vodka
3 cl Lime Juice
2,5 cl Limettensaft, frisch gepresst
2 bl Puderzucker
1 Limettenscheibe (unbehandelt)

1 Ein Shakerglas mit Eiswürfeln füllen. Vodka, Lime Juice, Limettensaft und Puderzucker dazugeben. Den Shaker fest verschließen und kräftig shaken.

2 Den Drink in eine gut gekühlte Cocktailschale abstrainen. Die Limettenscheibe an den Glasrand stecken und Vodka Gimlet servieren.

Expertentipp
Der Vodka Gimlet soll erfrischen und nicht zu stark nach Alkohol schmecken. Daher haben wir das Rezept mit frisch gepresstem Limettensaft abgeschmeckt.

GIN GIMLET (ABB. S. 57 LINKS)

Für 1 Drink:
5 cl Gin
3 cl Lime Juice
2 cl Lemon Juice
1 cl Zitronensaft
1 Limettenscheibe (unbehandelt)

1 Das Shakerglas mit Eiswürfeln füllen. Gin, Lime und Lemon Juice sowie Zitronensaft zugeben. Den Shaker fest verschließen und kräftig shaken.

2 Gin Gimlet in eine gut gekühlte Cocktailschale abstrainen. Die Limettenscheibe an den Glasrand stecken und Gin Gimlet servieren.

Expertentipp
Von den klassischen Gimlet-Rezepten existieren viele Versionen, oft werden 2 Teile Alkohol und 1 Teil Lime Juice verwendet. Unsere Version schmeckt unseren Gästen besonders gut, weil der Gin herausschmeckt, ohne den Drink zu stark zu dominieren.

DON NEGRONI (ABB. S. 59)

Für 1 Drink:
3 cl Tequila Reposado
3 cl Campari
3 cl Martini Rosso
1 Zitronenzeste (unbehandelt)

PROFI

1 Tequila mit Campari und Martini Rosso in einen Tumbler mit 27 cl Fassungsvermögen gießen. Das Glas mit Eiswürfeln füllen.

2 Zitronenzeste über dem Drink abspritzen, also zwischen Daumen und Zeigefinger nehmen und leicht „auswringen". Don Negroni mit der Zitronenzeste dekorieren und dann servieren.

Expertentipp
Als Tequila verwenden wir für diesen Drink Don Julio Reposado. Die Kombination der verwendeten Zutaten und der Aromen macht den unverwechselbaren Geschmack aus.

Der Negroni entstand um 1920 in einer Bar in Florenz.
Er gilt als klassischer Aperitif und wird eigentlich mit Gin zubereitet. Schriftsteller wie Ian Fleming oder Tennessee Williams erwiesen ihm in Texten schon die Ehre. Die mexikanische Interpretation wird mit Tequila gemixt und erhält daher den Zusatz „Don".

AMERICANO

Für 1 Drink:
3 cl Campari
3 cl roter Vermouth
12 cl Soda
1 Zitronenzeste (unbehandelt)

1 Campari mit Vermouth in ein Longdrinkglas gießen. Dann 3–5 Eiswürfel dazugeben und mit Soda aufgießen.

2 Die Zitronenzeste über dem Drink abspritzen, also jeweils zwischen Daumen und Zeigefinger nehmen und leicht „auswringen". Die Zeste in den Americano geben und dann servieren.

BLOODY MARY (ABB. S. 61)

Für 1 Drink:
4 cl Vodka
1 cl Zitronensaft
16 cl Tomatensaft
1 Prise Salz
1 Prise Pfeffer
1 Prise Selleriesalz
1 dash Tabasco
1 dash Worcestershire Sauce
1 Zitronenscheibe (unbehandelt)

PROFI

1 Den Vodka mit Zitronensaft und Tomatensaft in ein gut gekühltes Rührglas gießen. Dann Salz, Pfeffer, Selleriesalz mit Tabasco und Worcestershire Sauce dazugeben.

2 Die Zutaten im Glas mit Eis verrühren und in ein Longdrinkglas abstrainen. Die Bloody Mary mit der Zitronenscheibe dekorieren und dann servieren.

Expertentipp
Wer mag, kann die Bloody Mary nach Geschmack zusätzlich noch mit etwas Suppenbrühe verfeinern. Aber nicht zu viel verwenden, sonst wird der Geschmack verfälscht.

Die Bloody Mary wurde in ihrer ursprünglichen Version nur mit Vodka oder Gin und Tomatensaft zu gleichen Teilen gemixt. Erst später wurde der Drink mit Sellerie, Salz, Pfeffer, Tabasco und Worcestershire Sauce verfeinert.

DON CORLEONE

Für 1 Drink:
5 cl Bourbon
4 cl Amaretto
1 Orangenzeste (unbehandelt)

1 Bourbon mit Amaretto in ein Double Old Fashioned gießen. Danach einige Eiswürfel in das Glas geben.

2 Die Orangenzeste über dem Drink abspritzen, also jeweils zwischen Daumen und Zeigefinger nehmen und leicht „auswringen“. Zum Schluss die Zeste dekorativ in das Glas setzen und Don Corleone servieren.

APEROL SOUR (ABB. S. 43 HINTEN RECHTS)

Für 1 Drink:
6 cl Aperol
4 cl Zitronensaft, frisch gepresst
2 cl Rohrzuckersirup
1 bl Puderzucker
1 Orangenzeste (unbehandelt)

1 Ein Shakerglas mit Eiswürfeln füllen. Aperol mit Zitronensaft, Rohrzuckersirup und Puderzucker zugeben. Den Shaker fest verschließen und kräftig shaken.

2 Ein Double Old Fashioned mit Eiswürfeln füllen und den Drink in das Glas abstrainen. Die Orangenzeste abspritzen, also zwischen Daumen und Zeigefinger nehmen und leicht „auswringen“.

3 Die abgespritzte Orangenzeste dekorativ in das Glas geben. Dann Aperol Sour servieren.

WHISKEY SOUR (ABB. S. 43 VORN RECHTS)

Für 1 Drink:
6 cl Bourbon
4 cl Zitronensaft, frisch gepresst
2 cl Rohrzuckersirup
1 bl Puderzucker
1 Orangenzeste (unbehandelt)

1 Das Shakerglas mit Eiswürfeln füllen. Bourbon, Zitronensaft und Rohrzuckersirup mit dem Puderzucker dazugeben.

2 Den Shaker fest verschließen und kräftig shaken. Ein Double Old Fashioned mit Eiswürfeln füllen. Den Drink in das Glas abstrainen.

3 Orangezeste abspritzen, also über dem Drink leicht „auswringen“. Whiskey Sour mit der Zeste dekorieren und dann servieren.

Expertentipp
Früher wurden Sours oft mit Soda verlängert. Das lag daran, dass Spirituosen wie Whiskey nur in Fassstärke ausgeliefert wurden; damit waren sie deutlich hochprozentiger (55–65 Vol.-%) und nur gestreckt zu trinken. Heute werden Spirituosen meist abgefüllt und dabei auf 40 Vol.-% verdünnt, was als Trinkstärke bezeichnet wird.

CAIPI DRINKS

CAIPIRINHA ESPAÑOL (ABB. S. 65 LINKS)

Für 1 Drink:
1 Limette (unbehandelt)
2 cl Lime Juice
5 cl Licor 43 (Gewürzlikör)

1 Die Limette waschen, trocken reiben und in Achtel schneiden. Dann die Limettenstücke in einen Tumbler mit 35 cl Fassungsvermögen geben. Limette stößeln und Lime Juice mit Likör dazugeben.

2 Das Glas mit Crushed Ice auffüllen. Alle Zutaten gründlich umrühren und dann den Caipirinha Español servieren.

STRAWBERRY CAIPIROVSKA (ABB. S. 65 MITTE)

Für 1 Drink:
1 Limette, geachtelt (unbehandelt)
2 cl Lime Juice
3 bl brauner Zucker
4 cl Vodka
2 cl Erdbeermus

PROFI

1 Limettenstücke in einen Tumbler mit 35 cl Fassungsvermögen geben. Limette stößeln. Dann Lime Juice mit braunem Zucker, Vodka und Erbeermus dazugeben.

2 Den Tumbler mit Crushed Ice auffüllen. Alle Zutaten gründlich verrühren und dann den Drink servieren.

Expertentipp
Erdbeermus kann man auch selbst machen. Ein sehr leckeres Rezept stellen wir auf Seite 80 vor.

CAIPI BULL (ABB. S. 65 RECHTS)

Für 1 Drink:
1 Limette, geachtelt (unbehandelt)
2 cl Lime Juice
3 bl brauner Zucker
4 cl Vodka
8 cl Red Bull

1 Limettenstücke in einen Tumbler mit 35 cl Fassungsvermögen geben. Limette stößeln und danach Lime Juice, braunen Zucker und Vodka dazugeben.

2 Crushed Ice in das Glas geben, aber nicht ganz füllen. Die Zutaten gründlich verrühren und den Drink zum Schluss mit Red Bull auffüllen.

CAIPI GINGER (ABB. S. 67)

Für 1 Drink:
1 Limette (unbehandelt)
2 cl Lime Juice
3 bl brauner Zucker
6 cl Ginger Ale

1 Die Limette waschen, trocken reiben und in Achtel schneiden. Dann Limettenstücke in einen Tumbler mit 35 cl Fassungsvermögen geben. Limette im Glas stößeln und anschließend Lime Juice mit braunem Zucker dazugeben.

2 Crushed Ice in das Glas geben, dabei aber das Glas nicht ganz füllen. Alle Zutaten gründlich umrühren und den Drink dann zum Schluss mit Ginger Ale auffüllen.

CAIPIROL (ABB. S. 63 RECHTS)

Für 1 Drink:
1 Limette, geachtelt (unbehandelt)
2 cl Lime Juice
3 bl brauner Zucker
5 cl Aperol

1 Die Limettenstücke in einen Tumbler mit 35 cl Fassungsvermögen geben. Limette stößeln und danach Lime Juice, braunen Zucker und Aperol mit ins Glas geben.

2 Das Glas mit Crushed Ice auffüllen. Alle Zutaten gründlich umrühren und anschließend den Caipirol servieren.

In der ursprünglichen Caipirinha-Rezeptur aus Brasilien wird sehr feiner weißer Rohrzucker verwendet; da dieser hierzulande lange nur schwer erhältlich war, wurde zu grobem braunem Rohrzucker gegriffen. Da man sich an das optische Auftreten des Drinks und an den charakteristischen Geschmack gewöhnt hat, wird auch heute noch brauner Zucker verwendet, obwohl man den feinen weißen Rohrzucker heute auch hier erhält.

CAIPIRINHA (ABB. S. 63 LINKS)

Für 1 Drink:
1 Limette, geachtelt (unbehandelt)
2 cl Lime Juice
3 bl brauner Zucker
5 cl Cachaça

1 Limettenstücke in einen Tumbler mit 35 cl Fassungsvermögen geben. Limette stößeln und Lime Juice, braunen Zucker und Cachaça ins Glas geben.

2 Das Glas mit Crushed Ice auffüllen. Alle Zutaten umrühren und dann den Caipirinha servieren.

Expertentipp
Und für kalte Tage einen Hot Caipi! Dafür genauso vorgehen wie beim Mixen des Caipirinha. Nur anstelle des Tumblers ein hitzebeständiges Glas mit Henkel verwenden und anstelle des Eises den Drink mit heißem Wasser aufgießen.

CAIPIRISSIMA (ABB. S. 63 MITTE)

Für 1 Drink:
1 Limette, geachtelt (unbehandelt)
2 cl Lime Juice
3 bl brauner Zucker
5 cl venezolanischer Rum

1 Limettenstücke in einen Tumbler mit 35 cl Inhalt geben und stößeln. Die übrigen Zutaten mit ins Glas geben.

2 Das Glas mit Crushed Ice auffüllen. Das Ganze gründlich umrühren und dann servieren.

Expertentipp
Für diesen Caipirinha verwenden wir als Rum Pampero Especial, da er ein sehr kräftiges Aroma besitzt.

Der Caipirinha stammt aus Brasilien. Dort wird er mit frisch gepresstem Limettensaft zubereitet; bei uns ist dieser aber weniger aromatisch. (Zusätzliches) Aroma wird daher durch das Stößeln der Schale gewonnen.

COLADA DRINKS

PIÑA COLADA (ABB. S. 71)

Für 1 Drink:
2 cl Kokos-Fruchtsirup
2 cl Sahne
5 cl Rum
8 cl Ananassaft
1 Cocktailkirsche
¼ Ananasscheibe

1 Ein Shakerglas mit Eiswürfeln füllen. Dann Kokos-Fruchtsirup, Sahne, Rum und Ananassaft dazugießen. Den Shaker fest verschließen und die Colada-Zutaten kräftig shaken.

2 Den Drink durch ein Barsieb in ein Grand-Cru-Glas abstrainen. Das Ganze mit Crushed Ice auffüllen.

3 Die Cocktailkirsche mit einem Holzspießchen an der Ananasscheibe befestigen. Ananas an den Glasrand stecken. Dann die Piña Colada sofort servieren.

Expertentipp
Die Piña Colada ist der Klassiker unter den Coladas! Für den Kokosgeschmack verwenden wir immer Kokossirup; und um eine schön cremige Konsistenz zu erhalten, geben wir immer etwas Sahne dazu.

HUEVO COLADA

Für 1 Drink:
2 cl Kokos-Fruchtsirup
2 cl Sahne
5 cl Eierlikör
2 cl Orangensaft
8 cl Ananassaft
1 Cocktailkirsche
¼ Ananasscheibe

1 Ein Shakerglas mit Eiswürfeln füllen. Kokos-Fruchtsirup mit Sahne, Eierlikör, Orangen- und Ananassaft dazugeben. Den Shaker fest verschließen und das Ganze kräftig shaken.

2 Den Drink durch ein Barsieb in ein Grand-Cru-Glas abstrainen. Dann das Glas mit Crushed Ice auffüllen.

3 Die Cocktailkirsche mit einem kleinen Holzspieß an der Ananasscheibe befestigen. Ananas an den Glasrand stecken und die Huevo Colada servieren.

SWIMMING POOL (ABB. S. 73)

Für 1 Drink:
2 cl Kokos-Fruchtsirup
2 cl Sahne
2 cl Rum
2 cl Vodka
8 cl Ananassaft
1 cl Blue Curaçao
1 Cocktailkirsche
¼ Ananasscheibe

PROFI

1 Ein Shakerglas mit Eiswürfeln füllen. Kokossirup mit Sahne, Rum, Vodka und Ananassaft dazugeben. Dann den Shaker fest verschließen und das Ganze kräftig shaken.

2 Den Drink durch ein Barsieb in ein Grand-Cru-Glas abstrainen. Mit Crushed Ice auffüllen. Blue Curaçao über den Rücken des Barlöffels vorsichtig auf den Drink geben, sodass sich die Flüssigkeiten nicht vermischen.

3 Die Cocktailkirsche mit einem kleinen Holzspießchen an der Ananasscheibe befestigen. Dann die Ananas an den Glasrand stecken und den Drink sofort servieren.

Expertentipp
Den Arbeitsschritt, in dem wir den Blue Curaçao mithilfe eines Barlöffels auf die übrigen Zutaten im Glas geben, nennen Barkeeper „Layern".

CHI-CHI

Für 1 Drink:
2 cl Kokos-Fruchtsirup
2 cl Sahne
5 cl Vodka
8 cl Ananassaft
1 Cocktailkirsche
¼ Ananasscheibe

1 Ein Shakerglas mit Eiswürfeln füllen. Den Kokossirup mit Sahne, Vodka und Ananassaft dazugeben und den Shaker fest verschließen.

2 Die Zutaten kräftig shaken und anschließend durch ein Barsieb in ein Grand-Cru-Glas abstrainen. Mit Crushed Ice auffüllen.

3 Die Cocktailkirsche mit einem Holzspieß an der Ananasscheibe befestigen. Die Dekoration an den Glasrand stecken und Chi-Chi rasch servieren.

BAILEYS COLADA (ABB. S. 75)

Für 1 Drink:
2 cl Kokos-Fruchtsirup
2 cl Sahne
5 cl Baileys
8 cl Ananassaft
1 Cocktailkirsche
¼ Ananasscheibe

1 Ein Shakerglas mit Eiswürfeln füllen. Dann den Kokos-Fruchtsirup mit Sahne, Baileys und Ananassaft dazugeben. Den Shaker fest verschließen und die Zutaten kräftig shaken.

2 Den Drink durch ein Barsieb in ein Grand-Cru-Glas abstrainen. Anschließend den Cocktail mit Crushed Ice auffüllen.

3 Die Cocktailkirsche mithilfe eines kleinen Holzspießes an der Ananasscheibe befestigen. Die Ananas an den Glasrand stecken und dann Baileys Colada sofort servieren.

SANTA COLADA

Für 1 Drink:
2 cl Sahne
2 cl Lebkuchensirup
4 cl Baileys
9 cl Kirschnektar
1 Cocktailkirsche

1 Ein Shakerglas mit Eiswürfeln füllen. Sahne mit Lebkuchensirup, Baileys und Kirschnektar dazugeben und den Shaker fest verschließen.

2 Die Zutaten kräftig shaken. Anschließend durch ein Barsieb in ein Grand-Cru-Glas abstrainen und alles mit Crushed Ice auffüllen.

3 Die Cocktailkirsche auf den Drink setzen. Dann die Santa Colada sofort servieren.

MEXICAN COLADA (ABB. S. 77)

Für 1 Drink:
2 cl Kokos-Fruchtsirup
2 cl Sahne
3 cl weißer Tequila
2 cl Kahlúa
8 cl Ananassaft
1 Cocktailkirsche
¼ Ananasscheibe

1 Ein Shakerglas mit Eiswürfeln füllen. Kokos-Fruchtsirup, Sahne, weißen Tequila, Kahlúa und Ananassaft dazugeben. Den Shaker fest verschließen und die Zutaten kräftig shaken.

2 Den Drink durch ein Barsieb in ein Grand-Cru-Glas abstrainen. Anschließend Mexican Colada mit Crushed Ice auffüllen.

3 Die Cocktailkirsche mit einem kleinen Holzspieß an der Ananas befestigen und dann das Ganze dekorativ an den Glasrand stecken. Mexican Colada sofort servieren.

GOLDEN COLADA

Für 1 Drink:
2 cl Kokos-Fruchtsirup
2 cl Sahne
3 cl Galliano
2 cl Rum
8 cl Ananassaft
1 Cocktailkirsche

1 Ein Shakerglas mit Eiswürfeln füllen. Kokos-Fruchtsirup mit Sahne, Galliano, Rum und Ananassaft dazugeben und den Shaker fest verschließen.

2 Die Colada-Zutaten kräftig shaken. Anschließend durch ein Barsieb in ein Grand-Cru-Glas abstrainen und das Glas mit Crushed Ice auffüllen.

3 Die Cocktailkirsche an den Glasrand setzen. Dann Golden Colada servieren.

Die Piña Colada ist die „Mutter“ aller Coladas; das klassische Rezept findet sich auf Seite 70:

Sie entstand in den 1950er-Jahren auf Puerto Rico. Besondere Popularität erlangte der Cocktail ab 1979, als der Song „Escape“ von Rupert Holmes ein Hit wurde – das Lied ist auch unter dem Titel „The Piña Colada Song“ bekannt.

NUTTY COLADA (ABB. S. 79)

Für 1 Drink:
2 cl Kokos-Fruchtsirup
2 cl Sahne
4 cl Amaretto
9 cl Ananassaft
1 Cocktailkirsche
¼ Ananasscheibe

1 Ein Shakerglas mit Eiswürfeln füllen. Kokos-Fruchtsirup mit Sahne, Amaretto und Ananassaft dazugießen. Den Shaker fest verschließen und die Zutaten kräftig shaken.

2 Den Drink durch ein Barsieb in ein Grand-Cru-Glas abstrainen. Danach das Cocktailglas mit Crushed Ice auffüllen.

3 Die Cocktailkirsche mit einem kleinen Holzspieß an der Ananasscheibe befestigen. Ananas an den Glasrand stecken und Nutty Colada sofort servieren.

Expertentipp
Für diese Colada empfehlen wir Amaretto Disaronno, denn er verleiht dem Cocktail ein nussiges Aroma, ohne ihn zu sehr zu süßen.

VANILLA COLADA

Für 1 Drink:
2 cl Sahne
2 cl Vanillesirup
4 cl Rum
1 cl Licor 43 (Gewürzlikör)
8 cl Ananassaft
1 Cocktailkirsche
¼ Ananasscheibe

1 Ein Shakerglas mit Eiswürfeln füllen. Sahne mit Vanillesirup, Rum und Gewürzlikör dazugeben. Den Ananassaft dazugießen und den Shaker fest verschließen.

2 Die Zutaten kräftig shaken. Anschließend durch ein Barsieb in ein Grand-Cru-Glas abstrainen. Das Glas mit Crushed Ice auffüllen.

3 Die Cocktailkirsche mit einem kleinen Holzspieß an der Ananasscheibe feststecken. Die Ananasscheibe an den Glasrand setzen und Vanilla Colada servieren.

STRAWBERRY COLADA (ABB. S. 81)

Für 1 Drink:
2 cl Kokos-Fruchtsirup
2 cl Sahne
5 cl Rum
2 cl Erdbeermus
6 cl Ananassaft
1 Cocktailkirsche
¼ Ananasscheibe

PROFI

1 Ein Shakerglas mit Eiswürfeln füllen. Kokos-Fruchtsirup, Sahne, Rum, Erdbeermus und Ananassaft dazugießen. Den Shaker fest verschließen und das Ganze kräftig shaken.

2 Den Drink durch ein Barsieb in ein Grand-Cru-Glas abstrainen. Colada mit Crushed Ice auffüllen.

3 Die Cocktailkirsche mit einem Holzspießchen an der Ananasscheibe befestigen und die Ananas an den Glasrand stecken. Dann Strawberry Colada servieren.

Enchilada PURO MÉXICO

Expertentipp
Besonders lecker wird dieser Tropical Drink, wenn man selbst gemachtes Erdbeermus verwendet. Wir bereiten es gleich in einer größeren Menge vor und machen das so: 500 g gefrorene Erdbeeren in einen Topf geben. 250 g Zucker dazugeben und alles erhitzen. Abkochen und danach wieder abkühlen lassen. Anschließend das Ganze in den Mixer geben und mehrmals blenden. Das Mus hält ca. 4 Tage, wenn es gekocht hat, ohne Deckel abgekühlt ist, der Behälter, in den es umgefüllt wird, ganz sauber ist und es immer gekühlt und abgedeckt gelagert wird.

MANGO DE BRASIL

Für 1 Drink:
2 cl Sahne
2 cl Mangosirup
3 cl Cachaça
2 cl Triple Sec
8 cl Orangensaft
1 Cocktailkirsche
½ Orangenscheibe (unbehandelt)

1 Ein Shakerglas mit Eiswürfeln füllen. Sahne mit Mangosirup, Cachaça, Triple Sec und Ananassaft dazugeben. Shaker fest verschließen und alles kräftig shaken.

2 Den Drink durch ein Barsieb in ein Grand-Cru-Glas abstrainen und das Glas mit Crushed Ice auffüllen.

3 Die Cocktailkirsche mit einem kleinen Holzspieß an der Orangenscheibe befestigen. An den Glasrand setzen und Mango de Brasil servieren.

WHITE CLOUD (ABB. S. 69)

Für 1 Drink:
2 cl Kokos-Fruchtsirup
2 cl Sahne
3 cl Vodka
2 cl Crème de Cacao white
8 cl Ananassaft
1 Cocktailkirsche
¼ Ananasscheibe

1 Ein Shakerglas mit Eiswürfeln füllen. Kokos-Fruchtsirup, Sahne, Vodka, Crème de Cacao und Ananassaft dazugeben. Den Shaker fest verschließen und die Zutaten kräftig shaken.

2 Den Drink durch ein Barsieb in ein Grand-Cru-Glas abstrainen. Das Cocktailglas dann mit Crushed Ice auffüllen.

3 Die Kirsche mit einem kleinen Holzspieß an der Ananasscheibe befestigen und dann die Ananas an den Glasrand stecken. White Cloud sofort servieren.

Expertentipp
Für diesen Drink muss unbedingt weiße Crème de Cacao verwendet werden, schließlich soll der Drink an fluffige Wolken erinnern.
Aus den Grundbausteinen Sahne, Kokos-Fruchtsirup und Ananassaft lassen sich ganz einfach selbst kreierte Coladas mixen. Dazu kommt dann der eigene Lieblingslikör. Wenn dieser Likör zu süß oder auch zu intensiv schmeckt, dann wird die Menge reduziert und stattdessen Rum oder Vodka nach Geschmack ergänzt.

RUM DRINKS

MOJITO (ABB. S. 85 RECHTS)

Für 1 Drink:
½ Limette (unbehandelt)
3 Stängel Minze
1 cl Rohrzuckersirup
2 cl Lime Juice
5 cl weißer Rum
2 cl Soda
Minze zum Garnieren

1 Limette waschen, trocken reiben und dann vierteln. In einen Tumbler mit 35 cl Füllmenge geben und stößeln.

2 Minze abbrausen und trocken tupfen. Dann in eine Hand nehmen und mit der anderen leicht daraufschlagen. Zu den Limetten ins Glas geben.

3 Sirup mit Lime Juice und Rum ins Glas geben. Crushed Ice dazugeben und umrühren. Den Drink mit Soda auffüllen und mit Minze garniert servieren.

Expertentipp
Wir verwenden für diesen Drink als Rum Pampero Blanco, denn dieser harmoniert sehr gut mit Minze.
Wenn man mit der Hand leicht auf die Minze schlägt, in der Barsprache „anklatschen" genannt, entfaltet sie ihr Aroma besser.

STRAWBERRY MOJITO (ABB. S. 85 LINKS)

Für 1 Drink:
½ Limette (unbehandelt)
3 Stängel Minze
2 cl Erdbeermus
2 cl Lime Juice
5 cl weißer Rum
2 cl Soda
Minze zum Garnieren

1 Limette waschen, trocken reiben und dann vierteln. In einen Tumbler mit 35 cl Füllmenge geben und Limettenstücke stößeln.

2 Minze abbrausen und trocken tupfen. Dann in eine Hand nehmen und anklatschen. Minze zu den Limetten ins Glas geben.

3 Erdbeermus mit Lime Juice und Rum ins Glas geben. Crushed Ice zugeben und umrühren. Strawberry Mojito mit Soda aufgießen und mit Minze garniert servieren.

Expertentipp
Wer das Erdbeermus selbst machen will, findet auf Seite 80 ein leckeres und unkompliziertes Rezept.

Ron Añejo
PAMPERO
Ron Añejo
PAMPERO

TWISTER (ABB. S. 87)

Für 1 Drink:
½ Limette (unbehandelt)
3 bl brauner Zucker
2 cl venezolanischer Rum
2 cl Licor 43 (Gewürzlikör)
4 cl Maracujanektar
4 cl Erdbeermus

PROFI

1 Limette waschen und trocken reiben, dann in 4 Stücke teilen. In einen Tumbler mit 35 cl Füllmenge geben. Braunen Zucker zugeben und stößeln.

2 Ein Shakerglas mit Eiswürfeln füllen. Rum, Licor 43, Maracujanektar und Erdbeermus dazugeben. Den Shaker fest verschließen und kräftig shaken.

3 Twister (ausnahmsweise) mit den Eiswürfeln in den vorbereiteten Tumbler gießen. Mit einem Löffel durchrühren und servieren.

Expertentipp
Erdbeermus selbst gemacht – so schmeckt der Drink noch besser. Ein Rezept schlagen wir auf Seite 80 vor.

ELDER DAIQUIRI

Für 1 Drink:
1 Stück Zitrone
Zucker
2 cl kubanischer Rum
2 cl Spiced Rum
2 cl Holunderblütensirup
1 cl Zitronensaft
1 bl Cherry Heering (Kirschlikör)

1 Mit der Zitrone am Glasrand einer gut gekühlten Cocktailschale entlangfahren. Zucker auf einen kleinen Teller geben. Den Glasrand darin drehen, sodass die Schale außen einen Zuckerrand hat.

2 Ein Shakerglas mit Eiswürfeln füllen. Beide Rumsorten mit Holunderblütensirup, Zitronensaft und Kirschlikör dazugeben und den Shaker fest verschließen.

3 Die Zutaten kräftig shaken. Anschließend durch ein Barsieb in die vorbereitete Cocktailschale abstrainen. Elder Daiquiri sofort servieren.

CUBA LIBRE (ABB. S. 89)

Für 1 Drink:
4 cl Rum
2 cl Lime Juice
15 cl Cola
2 Limettenzwölftel (unbehandelt)

1 Rum in einen Tumbler mit 35 cl Fassungsvermögen geben. Dann 3–5 Eiswürfel dazugeben. Das Ganze mit Lime Juice und Cola aufgießen.

2 Die Limettenstücke in den Drink geben. Dann den Cuba Libre servieren.

Expertentipp
Klassischerweise wird dieser Drink mit kubanischem Rum gemixt. Wir bevorzugen aber aus Venezuela stammenden Rum, da sein Aroma intensiver ist und sein Geschmack runder. Besonders gut passt der Pampero Especial.

Der Cuba Libre entstand um 1900 auf Kuba:
Nach dem Ende der spanischen Herrschaft auf der Insel sollen US-amerikanische Soldaten dieses Ereignis mit einer Mischung aus Rum, Limonade und Limettensaft gefeiert haben.

MISS MORGAN

Für 1 Drink:
½ Limette (unbehandelt)
4 cl brauner Rum
10 cl Kombucha
4 cl Cranberrysaft
1 Cocktailkirsche

1 Limette waschen, trocken reiben und in Spalten schneiden. In einen Tumbler geben und stößeln.

2 Ein Shakerglas mit Eiswürfeln füllen. Rum, Kombucha und Cranberrysaft dazugeben. Den Shaker fest verschließen und kräftig shaken.

3 Crushed Ice in das vorbereitete Glas geben und den Drink durch ein Barsieb in den Tumbler abstrainen. Kurz umrühren, die Cocktailkirsche in den Drink geben und servieren.

PAMPERO

EL PRESIDENTE (ABB. S. 91)

Für 1 Drink:
4 cl kubanischer Rum
4 cl Lime Juice
4 cl Ananassaft
1 bl Zitronensaft
1 bl Grenadinesirup
1 Limettenscheibe (unbehandelt)

1 Ein Shakerglas mit Eiswürfeln füllen. Rum, Lime Juice, Ananas- und Zitronensaft mit Grenadinesirup dazugeben. Den Shaker fest verschließen und kräftig shaken.

2 Den Drink durch ein Barsieb in eine gut gekühlte Cocktailschale abstrainen. Die Limettenscheibe auf den Glasrand stecken und El Presidente sofort servieren.

Dieser Cocktail gilt vor allem auf Kuba als Klassiker.

Er soll in den 1920er-Jahren in Havanna entstanden sein. Die Stadt war damals ein beliebter Treffpunkt für US-Amerikaner, die der Prohibition entkommen und gute Drinks genießen wollten.

FRUTAS DEL SOL

Für 1 Drink:
2 cl Rum
2 cl Pfirsichlikör
2 cl Apricot Brandy
3 cl Zitronensaft
1 cl Lime Juice
8 cl Orangensaft
1 Cocktailkirsche
½ Orangenscheibe (unbehandelt)

1 Ein Shakerglas mit Eiswürfeln füllen. Den Rum mit Pfirsichlikör, Apricot Brandy, Zitronensaft, Lime Juice und Orangensaft dazugeben. Dann den Shaker fest verschließen.

2 Die Zutaten kräftig shaken. Anschließend durch ein Barsieb in ein Grand-Cru-Glas abstrainen. Das Glas mit Eiswürfeln auffüllen.

3 Die Cocktailkirsche mit einem kleinen Holzspieß an der Orangenscheibe befestigen. Dekorativ an den Glasrand setzen und Frutas del Sol sofort servieren.

DAIQUIRI FROZEN STRAWBERRY

Für 1 Drink:
4 cl Rum
3 cl Lime Juice
2 cl Lemon Juice
9 TK-Erdbeeren
1 bl Erdbeersirup
1 Limettenscheibe (unbehandelt)

1 Rum, Lime und Lemon Juice mit den gefrorenen Erdbeeren und dem Erdbeersirup in den Blender geben. Den Blender fest verschließen und das Ganze kräftig durchmixen.

2 Den Daiquiri in eine gut gekühlte Cocktailschale gießen. Die Limettenscheibe an den Glasrand stecken und den Drink sofort servieren.

Expertentipp
Soll dieser fruchtige Daiquiri gleich für mehrere Personen reichen? Dann am besten einen Pitcher mixen. Dafür 16 cl Rum, 12 cl Lime Juice, 8 cl Lemon Juice mit 36 gefrorenen Erdbeeren und 2 cl Erdbeersirup in den Blender geben. Fest verschließen und alles kräftig durchmixen. In einen Pitcher mit 1 l Füllmenge abgießen und den Daiquiri Frozen Strawberry servieren.

Dieser Cocktailklassiker entstand in seiner Grundform auf Kuba. Wie bei vielen Drinks gibt es auch zur Entstehung des Daiquiri verschiedene Geschichten:

Einige Quellen sprechen von US-amerikanischen Minenarbeitern auf Kuba, die den Drink zum ersten Mal kreiert haben sollen; ihnen soll der Bourbon ausgegangen sein und sie griffen daher zu Rum.
Andere Geschichten nennen einen Ingenieur als „Erfinder“, dem der Gin für seine Gäste ausgegangen war und der daher eben diesen Drink zum ersten Mal mixte.

MAI TAI

Für 1 Drink:
3 cl jamaikanischer Rum
2 cl venezolanischer Rum
3 cl Apricot Brandy
4 cl Lime Juice
3 cl Zitronensaft
2 cl Mandelsirup
2 Limettenzwölftel (unbehandelt)
½ Zitronenscheibe (unbehandelt)

1 Ein Shakerglas mit Eiswürfeln füllen. Beide Rumsorten und Brandy mit Lime Juice, Zitronensaft und Mandelsirup dazugeben. Shaker fest verschließen und alles kräftig shaken.

2 Anschließend den Drink durch ein Barsieb in ein Grand-Cru-Glas abstrainen. Das Ganze mit Crushed Ice auffüllen.

3 Die Limettenstücke über dem Drink auspressen und die Stücke in den Cocktail geben. Den Glasrand mit ½ Zitronenscheibe dekorieren und Mai Tai servieren.

Expertentipp
Für diesen Drink verwenden wir Myers's Rum (aus Jamaika) und Pampero Especial (aus Venezuela), da sich diese beiden sehr aromatischen Rumsorten besonders gut ergänzen und dem Mai Tai so ein sehr starkes Aroma verleihen.

Wie bei unzähligen Drinks, so ranken sich auch um die Entstehung des Mai Tai viele Geschichten. Eine besonders bekannte geht auf den Barkeeper Victor Bergeron, auch unter dem Namen Trader Vic bekannt, zurück:

Er soll den Drink 1944 für zwei tahitianische Freunde zum ersten Mal gemixt haben. Es sollte ein ganz besonderer Drink werden; er verwendete zwei verschiedene Rumsorten aus Jamaika, Limetten, Curaçao, Orangeat und Zuckersirup. Das Wort entspricht der polynesischen Bedeutung für „Nicht von dieser Welt" bzw. „Sehr gut", was seine Freunde angeblich beim Trinken ausgerufen haben. Erstmals veröffentlich wurde das Rezept 1947 in Bergerons „Bartender's Guide by Trader Vic".

PLANTER'S PUNCH (ABB. S. 83)

Für 1 Drink:
2 cl jamaikanischer Rum
2 cl kubanischer Rum
2 cl Triple Sec
2 cl Lime Juice
2 cl Zitronensaft
1 bl Grenadinesirup
4 cl Orangensaft
4 cl Ananassaft
1 Cocktailkirsche
½ Orangenscheibe (unbehandelt)

1 Ein Shakerglas mit Eiswürfeln füllen. Beide Rumsorten mit Triple Sec, Lime Juice, Zitronensaft, Grenadinesirup, Orangensaft und Ananassaft dazugeben. Dann den Shaker fest verschließen und die Zutaten kräftig shaken.

2 Einige Eiswürfel in ein Grand-Cru-Glas geben. Anschießend den Drink durch ein Barsieb in das Glas abstrainen.

3 Die Cocktailkirsche mit einem kleinen Holzstäbchen an der Orangenscheibe feststecken. Die Orangenscheibe auf den Glasrand setzen und Planter's Punch sofort servieren.

Eine erste Erwähnung fand der Planter's Punch wohl in einer englischen Zeitschrift in den 1870er-Jahren und wurde als karibisches Rezept bezeichnet. Nach der Prohibition gehörte dieser Drink laut dem „Esquire Magazine“ zu den besten Cocktails der Welt.

ESQUINZO PLAYA

Für 1 Drink:
2 cl kubanischer Rum
2 cl venezolanischer Rum
2 cl Triple Sec
2 cl Zitronensaft
2 cl Lime Juice
2 cl Mandelsirup
1 cl Mangosirup
4 cl Apfelsaft
4 cl Maracujanektar
1 Cocktailkirsche
½ Zitronenscheibe (unbehandelt)

1 Ein Shakerglas mit Eiswürfeln füllen. Beide Rumsorten mit Triple Sec, Zitronensaft, Lime Juice, Mandel- und Mangosirup dazugeben. Apfelsaft und Maracujanektar angießen.

2 Den Shaker fest verschließen und alles kräftig shaken. Den Drink durch ein Barsieb in ein Grand-Cru-Glas abstrainen. Das Glas mit Eiswürfeln auffüllen.

3 Die Cocktailkirsche mit einem kleinen Holzspießchen an der Zitronenscheibe befestigen und dann das Ganze dekorativ an den Glasrand stecken. Esquinzo Playa sofort servieren.

TEQUILA DRINKS

MEXICANA (ABB. S. 99)

Für 1 Drink:
3 cl Tequila Reposado
2 cl Zitronensaft
4 cl Ananassaft
1 cl Grenadinesirup

PROFI

1 Ein Shakerglas mit Eiswürfeln füllen. Tequila, Zitronen- und Ananassaft dazugeben und den Shaker fest verschließen. Die Zutaten kräftig shaken.

2 Den Drink durch ein Barsieb in eine gut gekühlte Cocktailschale abstrainen. Mit dem Grenadinesirup ein M in den Schaum schreiben. Dann Mexicana sofort und vorsichtig servieren.

Expertentipp
Das M aus Sirup sollte möglichst dünn werden. Daher am besten einen feinen Ausgießer auf die Sirupflasche setzen und behutsam vorgehen.

EL CASTILLO

Für 1 Drink:
3 cl weißer Tequila
2 cl Cherry Brandy
1 cl Lime Juice
1 cl Zitronensaft
2 cl Bananensirup
8 cl Apfelsaft
1 Cocktailkirsche
½ Zitronenscheibe (unbehandelt)

1 Ein Shakerglas mit Eiswürfeln füllen. Tequila, Cherry Brandy, Lime Juice, Zitronensaft, Bananensirup und Apfelsaft dazugeben. Den Shaker fest verschließen.

2 Die Zutaten kräftig shaken. Danach den Drink durch ein Barsieb in ein Grand-Cru-Glas abstrainen. Das Glas mit Eiswürfeln auffüllen.

3 Die Cocktailkirsche mit einem kleinen Holzspieß an der Zitronenscheibe befestigen. Das Ganze dekorativ an den Glasrand setzen und El Castillo servieren.

Cuervo®
TEQUILA

PALOMA (ABB. S. 101)

Für 1 Drink:
4 cl weißer Tequila
1,5 cl Limettensaft, frisch gepresst
7 cl Grapefruitsaft
2 cl Rohrzuckersirup
2 Prisen Salz
4 cl Soda
1 Limettenscheibe (unbehandelt)

1 Ein Shakerglas mit Eiswürfeln füllen. Tequila, Limettensaft, Grapefruitsaft, Rohrzuckersirup und Salz hineingeben. Den Shaker fest verschließen und die Zutaten kräftig shaken.

2 Einige Eiswürfel in ein Double Old Fashioned geben. Den Drink durch ein Barsieb in das Glas abstrainen und mit Soda aufgießen.

3 Die Limettenscheibe an den Glasrand setzen. Dann Paloma servieren.

Expertentipp
Der Paloma ist ein sommerlicher, erfrischender Cocktail. Wird er als „Durstlöscher" getrunken, empfehlen wir, ihn mit mehr Soda zu mixen.

JANDIA PLAYA

Für 1 Drink:
3 cl weißer Tequila
3 cl Pfirsichlikör
2 cl Erdbeersirup
2 cl Zitronensaft
10 cl Orangensaft
1 bl Puderzucker
1 Cocktailkirsche
½ Orangenscheibe (unbehandelt)

1 Ein Shakerglas mit Eiswürfeln füllen. Tequila mit Pfirsichlikör, Erdbeersirup, Zitronensaft, Orangensaft und Puderzucker dazugeben.

2 Den Shaker fest verschließen und die Zutaten kräftig shaken. Den Drink durch ein Barsieb in ein Double Old Fashioned abstrainen und das Glas mit Eiswürfeln auffüllen.

3 Die Cocktailkirsche mit einem Holzspießchen an der Orangenscheibe befestigen und das Ganze dekorativ an den Glasrand setzen. Dann Jandia Playa servieren.

TEQUILA SUNRISE

Für 1 Drink:
4 cl weißer Tequila
1 cl Zitronensaft
14 cl Orangensaft
1 bl Grenadinesirup
1 Cocktailkirsche
½ Orangenscheibe (unbehandelt)

1 Tequila in ein Longdrinkglas geben. Dann ca. 4 Eiswürfel dazugeben. Das Ganze mit Zitronen- und Orangensaft aufgießen.

2 Grenadinesirup in einem dünnen Strahl am Glasrand entlang in den Drink laufen lassen. Der Sirup soll sich am Boden absetzen.

3 Die Cocktailkirsche mit einem kleinen Holzstäbchen an der Orange befestigen. Den Drink damit garnieren und dann servieren.

Auch zur Entstehung dieses fruchtig-frischen Cocktails gibt es viele Geschichten:

Eine besagt, der Drink sei von einem nicht mehr ganz nüchternen Barkeeper in San Francisco erfunden worden, der seinem Chef als Erklärung für eine durchzechte Nacht erzählte, er hätte auf den Morgen gewartet, um einen Drink zu schaffen, der diesem Moment gleicht.
Andere Quellen geben an, der Tequila Sunrise sei in Mexiko zu Zeiten der US-amerikanischen Prohibition entstanden und erst danach in die Bars von Nordamerika gekommen.

PURO MÉXICO

Für 1 Drink:
1 Limette (unbehandelt)
1 bl Rohrzuckersirup
3 cl Licor 43 (Gewürz-likör)
3 cl Tequila Reposado
2 cl Soda
3 Thai-Chilischoten

1 Die Limette waschen und trocken reiben, dann in Achtel schneiden. In ein Grand-Cru-Glas geben und stößeln. Dann Rohrzuckersirup mit Likör und Tequila dazugeben.

2 Das Glas mit Crushed Ice auffüllen. Die Zutaten mit einem Löffel verrühren und anschließend das Ganze mit Soda auffüllen.

3 Chilis waschen und trocken reiben. Die Schoten mit der Spitze eines Messer leicht anritzen, dabei aber nicht aufschneiden. Die Chilischoten in den Drink geben und Puro México servieren.

Expertentipp
Dieser Cocktail gewinnt an Schärfe, je länger die Chilis im Drink ziehen können. Je nach gewünschtem Schärfegrad können die Chilis auch in dünne Scheiben geschnitten oder gehackt werden. Hier aber unbedingt vorsichtig sein und sparsam dosieren – das kann schnell sehr scharf werden! Es sollte darauf geachtet werden, dass die Schärfe den Geschmack des Cocktails nicht überlagert.

COSMO DE AGAVE (ABB. S. 97)

Für 1 Drink:
3,5 cl weißer Tequila
1,5 cl Grand Marnier
1 cl Lime Juice
4 cl Cranberrynektar
1 cl Agavendicksaft
1,5 cl Limettensaft, frisch gepresst
1 Limettenscheibe (unbehandelt)

1 Ein Shakerglas mit Eiswürfeln füllen. Dann den Tequila mit Grand Marnier, Lime Juice, Cranberrynektar, Agavendicksaft und frisch gepresstem Limettensaft dazugeben.

2 Den Shaker fest verschließen und alles kräftig shaken. Den Drink durch ein Barsieb in eine gut gekühlte Cocktailschale abstrainen.

3 Zum Schluss die Limettenscheibe dekorativ an den Glasrand stecken. Dann den Cosmo de Agave sofort servieren.

Agavendicksaft ist ein Süßmittel mit wenig Eigengeschmack; so können sich die Aromen dieses Cocktails perfekt entfalten.

VAMPIRO

Für 1 Drink:
½ kleine Chilischote
1 Zwiebelscheibe
5 cl weißer Tequila
6 cl Tomatensaft
4 cl Orangensaft
1 cl Zitronensaft
1 bl Honig
1 dash Worcestershire Sauce
1 Prise Salz

1 Die Chilischote und die Zwiebel klein schneiden. Ein Shakerglas mit Eiswürfeln füllen und beides hineingeben. Tequila mit Tomaten-, Orangen- und Zitronensaft dazugeben.

2 Honig mit Worcestershire Sauce und Salz ebenfalls in das Shakerglas geben. Den Shaker fest verschließen und alles kräftig shaken.

3 Ca. 3 Eiswürfel in ein Longdrinkglas geben. Den Cocktail durch ein Barsieb in das Glas abstrainen. Vampiro sofort servieren.

FANCY DRINKS

APPLE SPLASH (ABB. S. 109)

Für 1 Drink:
6 bl Apfelmus
3 cl Zimtsirup
4 cl Spiced Rum
1 cl Lime Juice
1 cl Zitronensaft
1 Prise Zimt

1 Ein Shakerglas mit Eiswürfeln füllen. Apfelmus mit Zimtsirup, Rum, Lime Juice und Zitronensaft dazugeben. Den Shaker fest verschließen und alles kräftig shaken.

2 Den Drink durch ein Barsieb in eine gut gekühlte Cocktailschale abstrainen. Mit Zimt bestäuben und den Apple Splash servieren.

Expertentipp
Wir verwenden für den Apple Splash Captain Morgan Spiced Gold, da er dem Drink eine schöne Vanillenote gibt.

HONOLULU COOLER

Für 1 Drink:
5 cl Southern Comfort
3 cl Lime Juice
2 cl Zitronensaft
8 cl Ananassaft
1 Cocktailkirsche
¼ Ananasscheibe

1 Ein Shakerglas mit Eiswürfeln füllen. Southern Comfort, Lime Juice, Zitronen- und Anananssaft dazugeben. Den Shaker fest verschließen.

2 Die Zutaten kräftig shaken und den Drink dann durch ein Barsieb in ein Grand-Cru-Glas abstrainen. Das Ganze mit Eiswürfeln auffüllen.

3 Die Cocktailkirsche mit einem Holzspießchen an der Ananasscheibe befestigen. Die Ananas an den Glasrand setzen und Honolulu Cooler servieren.

GOLDEN DREAM (ABB. S. 111)

Für 1 Drink:
2 cl Sahne
3 cl Licor 43 (Gewürzlikör)
2 cl Crème de Cacao white
10 cl Orangensaft
1 Cocktailkirsche
½ Orangenscheibe (unbehandelt)

1 Ein Shakerglas mit Eiswürfeln füllen. Sahne mit Licor 43, Crème de Cacao und Orangensaft dazugeben. Dann den Shaker fest verschließen und die Zutaten kräftig shaken.

2 Crushed Ice in ein Grand-Cru-Glas geben. Den Drink durch ein Barsieb in das Glas abstrainen.

3 Die Cocktailkirsche mit einem kleinen Holzspieß an der Orangenscheibe befestigen. An den Glasrand stecken und Golden Dream servieren.

Dieser sahnig-fruchtige Drink zählt zu den After-Dinner-Drinks.

ALABAMA SLAMER

Für 1 Drink:
2 cl Amaretto
2 cl Gin
3 cl Southern Comfort
2 cl Zitronensaft
4 cl Orangensaft
1 Cocktailkirsche
½ Orangenscheibe (unbehandelt)

1 Ein Shakerglas mit Eiswürfeln füllen. Amaretto, Gin und Southern Comfort mit Zitronen- und Orangensaft dazugießen. Den Shaker fest verschließen und die Zutaten kräftig shaken.

2 Den Drink durch ein Barsieb in ein Double Old Fashioned abstrainen. Eiswürfel dazugeben.

3 Die Cocktailkirsche mit einem kleinen Holzspieß an der Orangenscheibe befestigen. Das Ganze dekorativ am Glasrand befestigen und Alabama Slamer servieren.

LADY KILLER (ABB. S. 113)

Für 1 Drink:
3 cl Gin
1,5 cl Triple Sec
1,5 cl Pfirsichlikör
7 cl Ananassaft
7 cl Maracujanektar
1 Cocktailkirsche
¼ Ananasscheibe

1 Ein Shakerglas mit Eiswürfeln füllen. Gin, Triple Sec, Pfirsichlikör, Ananassaft und Maracujanektar dazugeben. Den Shaker fest verschließen und die Zutaten kräftig shaken.

2 Danach ein paar Eiswürfel in ein Grand-Cru-Glas geben. Den Drink durch ein Barsieb in das vorbereitete Glas abstrainen.

3 Die Cocktailkirsche mit einem kleinen Holzspieß an der Ananasscheibe befestigen. Auf den Glasrand stecken und den Drink servieren.

Dieser Drink wurde 1984 vom Züricher Barkeeper Peter Roth kreiert. Den Namen trägt der Cocktail nicht zu unrecht, denn er hat es in sich!

SOL Y SOMBRA

Für 1 Drink:
3 cl Sahne
2 cl Licor 43 (Gewürzlikör)
2 cl Vodka
2 cl Kahlúa
6 cl Ananassaft
1 Cocktailkirsche
¼ Ananasscheibe

1 Ein Shakerglas mit Eiswürfeln füllen. Sahne mit Gewürzlikör, Vodka, Kahlúa und Ananassaft dazugeben. Den Shaker fest verschließen.

2 Die Zutaten kräftig shaken und den Drink durch ein Barsieb in ein Grand-Cru-Glas abstrainen. Das Ganze mit Crushed Ice auffüllen.

3 Die Cocktailkirsche mit einem Holzspieß an der Ananasscheibe befestigen. Die Ananas dekorativ an den Glasrand setzen und Sol y Sombra servieren.

MALDIVES (ABB. S. 115)

Für 1 Drink:
3 cl Jack Daniel's
3 cl Aperol
2 cl Zitronensaft
1 cl Rohrzuckersirup
4 cl Orangensaft
½ Orangenscheibe (unbehandelt)

1 Ein Shakerglas mit Eiswürfeln füllen. Whiskey mit Aperol, Zitronensaft, Rohrzuckersirup und Orangensaft dazugeben. Den Shaker fest verschließen und die Zutaten kräftig shaken.

2 Ein paar Eiswürfel in ein Double Old Fashioned geben. Den Drink durch ein Barsieb in das vorbereitete Glas abstrainen.

3 Die Orangenscheibe in den Drink geben. Danach Maldives servieren.

CAMISA NEGRA

Für 1 Drink:
1 Stück Zitrone
Zucker
2 cl Vodka
2 cl Apricot Brandy
2 cl Blue Curaçao
1 cl Grenadinesirup
1 cl Zitronensaft
2 cl Kirschnektar

1 Mit der Zitrone am Glasrand einer gut gekühlten Cocktailschale entlangfahren. Zucker auf einen kleinen Teller geben. Den Glasrand darin drehen, sodass die Schale außen einen Zuckerrand hat.

2 Ein Shakerglas mit Eiswürfeln füllen. Vodka, Apricot Brandy, Blue Curaçao, Grenadinesirup, Zitronensaft und Kirschnektar dazugießen. Dann den Shaker fest verschließen.

3 Die Zutaten kräftig shaken. Den Drink durch ein Barsieb in die vorbereitete Cocktailschale abstrainen. Camisa Negra sofort servieren.

SOLERO (ABB. S. 117)

Für 1 Drink:
5 cl Gin
2 cl Zitronensaft
1 bl Grenadinesirup
8 cl Maracujanektar
1 Cocktailkirsche
1 Zitronenscheibe (unbehandelt)

1 Ein Shakerglas mit Eiswürfeln füllen. Gin, Zitronensaft, Grenadinesirup und Maracujanektar hineingeben. Dann den Shaker fest verschließen und die Zutaten kräftig shaken.

2 Einige Eiswürfel in einen Tumbler mit 35 cl Füllmenge geben. Den Drink durch ein Barsieb in das Glas abstrainen.

3 Die Cocktailkirsche mit einem kleinen Holzstäbchen an der Zitronenscheibe befestigen. Den Drink damit dekorieren und Solero servieren.

LADY SIDECAR

Für 1 Drink:
3 cl Brandy
1 cl Triple Sec
1 cl Zitronensaft
3 cl Orangensaft
1 Cocktailkirsche

1 Ein Shakerglas mit Eiswürfeln füllen. Den Brandy mit Triple Sec, Zitronensaft und Orangensaft dazugeben. Dann den Shaker fest verschließen und die Zutaten kräftig shaken.

2 Den Drink durch ein Barsieb in eine gut vorgekühlte Cocktailschale abstrainen. Die Cocktailkirsche unten einschneiden und an den Glasrand setzen. Den Lady Sidecar sofort servieren.

QUINTA DA RIA (ABB. S. 119)

Für 1 Drink:
5 cl Litschilikör
3 cl Zitronensaft
2 cl Rohrzuckersirup
2 cl Orangensaft
Pfeffer, grob gemahlen
7 cl Prosecco Spumante
¼ Orangenscheibe (unbehandelt)

1 Ein Shakerglas mit Eiswürfeln füllen. Dann Litschilikör mit Zitronensaft, Rohrzuckersirup, Orangensaft und 2 Prisen grob gemahlenem Pfeffer dazugeben. Den Shaker fest verschließen und die Zutaten kräftig shaken.

2 Crushed Ice in ein Grand-Cru-Glas geben. Den Drink durch ein Barsieb in das Glas abstrainen und das Ganze mit Prosecco aufgießen.

3 Orangenscheibe in den Drink geben. Etwas grob gemahlenen Pfeffer auf den Cocktail streuen und dann Quinta da Ria servieren.

Expertentipp
Für diesen Cocktail verwenden wir Kwai Feh Lycheelikör, da er ein unverwechselbares Aroma besitzt.

OH CAPTAIN MY CAPTAIN

Für 1 Drink:
5 cl Captain Morgan Spiced Gold
2 cl Zitronensaft
2 cl Lime Juice
1 cl Vanillesirup
1 bl Grenadinesirup
8 cl Maracujanektar
1 Cocktailkirsche
½ Zitronenscheibe (unbehandelt)

1 Ein Shakerglas mit Eiswürfeln füllen. Captain Morgan mit Zitronensaft, Lime Juice, Vanille- und Grenadinesirup sowie Maracujanektar dazugießen.

2 Den Shaker fest verschließen. Die Zutaten kräftig shaken und dann durch ein Barsieb in ein Grand-Cru-Glas abstrainen. Das Glas mit Eiswürfeln auffüllen.

3 Die Cocktailkirsche mit einem kleinen Holzspieß an der Zitronenscheibe befestigen. Die Zitrone dekorativ an den Glasrand setzen und Oh Captain my Captain sofort servieren.

FEUERWERK (ABB. S. 121)

Für 1 Drink:
2 cl Licor 43 (Gewürzlikör)
2 cl Grand Marnier
2 cl Kahlúa
2 cl Baileys
1 cl Rum
1 Prise Zimt

PROFI

1 Licor 43 und Grand Marnier in eine Cocktailschale geben. Kahlúa, Baileys und Rum in ein Shot-Glas gießen.

2 Die Zutaten im Shot-Glas anzünden und dann in die Cocktailschale zu den übrigen Spirituosen gießen. Etwas Zimt über den brennenden Drink streuen und Feuerwerk servieren.

Expertentipp
Bei diesem Drink ist unbedingt Vorsicht geboten, denn es herrscht Brandgefahr!

ROTE GRÜTZE

Für 1 Drink:
50 g Himbeeren
50 g Erdbeeren
4 cl Johannisbeerlikör
2 cl Sahne

1 Je 1 Himbeere und 1 Erdbeere beiseitelegen. Den Rest putzen und große Früchte zerkleinern. Mit Johannisbeerlikör und wenig Crushed Ice in den Blender geben.

2 Den Blender fest verschließen und die Zutaten kräftig durchmixen, bis alles eine glatte Konsistenz hat. In eine gekühlte Cocktailschale gießen.

3 Sahne mit 1 Eiswürfel in einen Shaker geben. Fest verschließen und shaken, bis die Sahne angeschlagen ist.

4 Sahne mithilfe eines Barlöffels auf den Drink layern. Beiseitegelegte Himbeere und Erdbeere auf einen kleinen Holzspieß stecken und als Dekoration auf den Glasrand setzen. Drink servieren.

RED ELDER (ABB. S. 123)

Für 1 Drink:
3 cl Gin
2 cl Aperol
2 cl Zitronensaft
1 cl Holunderblütensirup
1 Cocktailkirsche

1 Ein Shakerglas mit Eiswürfeln füllen. Gin mit Aperol, Zitronensaft und Holunderblütensirup hineingeben.

2 Den Shaker fest verschließen und alles kräftig shaken. Den Drink durch ein Barsieb in eine gut gekühlte Martinischale abstrainen.

3 Die Cocktailkirsche auf einen kleinen Holzstick stecken und Red Elder damit dekorieren. Dann den Drink servieren.

GOLDEN CREAM

Für 1 Drink:
2 cl Galliano
2 cl Triple Sec
2 cl Orangensaft
2 cl Sahne
1 Orangenscheibe (unbehandelt)
1 Cocktailkirsche

1 Ein Shakerglas mit Eiswürfeln füllen. Galliano mit Triple Sec, Orangensaft und Sahne zugeben. Den Shaker fest verschließen.

2 Die Zutaten kräftig shaken. Dann das Ganze durch ein Barsieb in eine gut vorgekühlte Cocktailschale abstrainen.

3 Die Orangenscheibe an den Glasrand und die Cocktailkirsche in den Drink setzen. Dann Golden Cream servieren.

PLEASURE CITY (ABB. S. 125)

Für 1 Drink:
5 cl Southern Comfort
4 cl Cranberrynektar
2 cl Holunderblütensirup
1 cl Zitronensaft
1 bl Orangensaft
¼ Orangenscheibe (unbehandelt)

1 Ein Shakerglas mit Eiswürfeln füllen. Southern Comfort mit Cranberrynektar, Holunderblütensirup, Zitronen- und Orangensaft hineingeben.

2 Den Shaker fest verschließen und die Zutaten kräftig shaken. Dann den Drink durch ein Barsieb in eine gut vorgekühlte Cocktailschale abstrainen.

3 Die geviertelte Orangenscheibe in das Glas geben. Anschließend Pleasure City servieren.

ADVANTAGE RUSSIA

Für 1 Drink:
5 cl Smirnoff Apple
1 cl Mangosirup
8 cl Orangensaft
8 cl Bitter Lemon
1 Cocktailkirsche
½ Orangenscheibe

1 Vodka mit Mangosirup und Orangensaft in ein Double Old Fashioned geben. Ein paar Eiswürfel in das Glas geben. Zum Schluss den Drink dann mit Bitter Lemon aufgießen.

2 Die Cocktailkirsche mit einem kleinen Holzspießchen an der Orange befestigen. Die Orangenscheibe dekorativ an den Glasrand setzen und Advantage Russia anschließend sofort servieren.

BLACKCHERRY HILL

Für 1 Drink:
1 cl Vodka
2 cl Crème de Cacao white
2 cl Sahne
2 cl Kokos-Fruchtsirup
5 cl Ananassaft
1 cl Cherry Brandy oder Kirschlikör
2 cl Sauerkirschnektar
Sprühsahne
1 Cocktailkirsche

PROFI

1 Ein Shakerglas mit Eiswürfeln füllen. Vodka, Crème de Cacao, Sahne, Kokos-Fruchtsirup und Ananassaft dazugeben und den Shaker fest verschließen. Alles kräftig shaken.

2 Etwas Crushed Ice in ein Grand-Cru-Glas geben. Danach die Zutaten durch ein Barsieb in das vorbereitete Glas abstrainen.

3 Den Shaker reinigen und das Shakerglas erneut mit Eiswürfeln füllen. Brandy und Kirschnektar hineingeben und den Shaker fest verschließen. Auch diese Zutaten kräftig shaken.

4 Mithilfe eines Barlöffels die Kirschmischung auf die übrigen Zutaten im Glas layern. Die Sprühsahne vorsichtig turmartig aufsprühen.

5 Die Cocktailkirsche vorsichtig auf die Sahne setzen. Dann Blackcherry Hill servieren.

Expertentipp
Nicht nur optisch erinnert unser cremiger Cocktail Blackcherry Hill an eine leckere Schwarzwälder Kirschtorte, sondern auch geschmacklich.

LEBKUCHEN-MILCHSHAKE (ABB. S. 129)

Für 1 Drink:
1 Lebkuchen
4 cl Eierlikör
4 cl Milch
1 cl Sahne
1 Kugel Bourbon-Vanilleeis
2 cl Lebkuchensirup
1 Cocktailkirsche

1 Den Lebkuchen grob zerkleinern. Dann mit Eierlikör, Milch, Sahne, Eis und Lebkuchensirup in den Blender geben.

2 Den Blender fest verschließen. Die Zutaten kräftig durchmixen, bis alle Zutaten eine cremige Konsistenz haben.

3 Milchshake in ein Grand-Cru-Glas abgießen. Die Cocktailkirsche auf den Drink setzen und Lebkuchen-Milchshake servieren.

GIN TAI

Für 1 Drink:
5 cl Gin
3 cl Apricot Brandy
3 cl Zitronensaft
4 cl Lime Juice
2 cl Mandelsirup
1 bl Ananassaft
1 Zitronenscheibe (unbehandelt)
2 Limettenzwölftel (unbehandelt)

1 Ein Shakerglas mit Eiswürfeln füllen. Den Gin mit Apricot Brandy, Zitronensaft, Lime Juice, Mandelsirup und Ananassaft dazugeben. Danach den Shaker fest verschließen.

2 Die Zutaten kräftig shaken und danach durch ein Barsieb in ein Grand-Cru-Glas abstrainen. Das Glas mit Crushed Ice auffüllen.

3 Die Zitronenscheibe auf den Glasrand stecken und die Limettenstücke in den Drink geben. Dann Gin Tai sofort servieren.

BANANA SANDWICH (ABB. S. 131)

Für 1 Drink:
2 cl Sahne
3 cl Crème de Banane gelb
2 cl Crème de Cacao white
10 cl Ananassaft
1 Cocktailkirsche
¼ Ananasscheibe

1 Ein Shakerglas mit Eiswürfeln füllen. Sahne mit beiden Likören und Anananssaft dazugeben. Den Shaker fest verschließen und die Zutaten kräftig shaken.

2 Den Drink durch ein Barsieb in ein Grand-Cru-Glas abstrainen. Dann das Ganze mit Crushed Ice auffüllen.

3 Die Cocktailkirsche mit einem kleinen Holzstäbchen an der Ananasscheibe feststecken und auf den Glasrand setzen. Banana Sandwich servieren.

ATLANTIC BLUE

Für 1 Drink:
1 EL TK-Blaubeeren
2,5 cl Blaubeersaft
3 cl Vodka
3 cl Blue Curaçao
2 cl Kokoscreme
2 cl Sahne

1 Blaubeeren antauen lassen. Dann mit dem Saft fein pürieren.

2 Einen Shaker mit Eiswürfeln füllen. Blaubeerpüree mit Vodka, Blue Curaçao, Kokoscreme und Sahne hineingeben und den Shaker fest verschließen.

3 Die Zutaten kräftig shaken. Danach durch ein Barsieb in ein Grand-Cru-Glas abstrainen. Mit Crushed Ice auffüllen und dann servieren.

BOUNTY (ABB. S. 107)

Für 1 Drink:
2 cl Crème de Cacao dark
3 cl Amaretto
2 cl Sahne
2 cl Kokos-Fruchtsirup
Kokosflocken

1 Ein Shakerglas mit Eiswürfeln füllen. Crème de Cacao, Amaretto, Sahne und Kokos-Fruchtsirup dazugeben. Den Shaker fest verschließen und die Zutaten kräftig shaken.

2 Den Drink in eine gut gekühlte Cocktailschale abstrainen. Mit Kokosflocken bestreuen und Bounty servieren.

Expertentipp
Wir empfehlen, für diesen Cocktail Crème de Cacao dark von De Kuyper zu verwenden. Das Mandelaroma des Drinks harmoniert mit der Schokolade sehr gut, ohne den Drink zu süß zu machen.

CREAMY CHERRY

Für 1 Drink:
3 cl Kirschlikör
2 cl weißer Rum
5 cl Ananassaft
1 Cocktailkirsche

1 Ein Shakerglas mit Eiswürfeln füllen. Kirschlikör mit Rum und Ananassaft dazugeben und den Shaker fest verschließen.

2 Die Zutaten kräftig shaken. Den Drink durch ein Barsieb in eine gut gekühlte Cocktailschale abstrainen.

3 Die Cocktailkirsche in den Drink setzen und dann Creamy Cherry servieren.

VODKA DRINKS

MELON MAN (ABB. S. 135)

Für 1 Drink:
3 cl Vodka
3 cl Midori (Melonenlikör)
2 cl Lime Juice
2 cl Zitronensaft
2 cl Maracujanektar
4 cl Orangensaft
1 Cocktailkirsche
½ Orangenscheibe (unbehandelt)

1 Ein Shakerglas mit Eiswürfeln füllen. Vodka mit Melonenlikör, Lime Juice, Zitronensaft, Maracujanektar und Orangensaft dazugeben. Den Shaker fest verschließen und alles kräftig shaken.

2 Den Drink in einen Tumbler mit 31 cl Füllmenge abstrainen. Dann das Glas mit Eiswürfeln auffüllen.

3 Die Cocktailkirsche mit einem kleinen Holzspieß an der Orangenscheibe befestigen. Den Glasrand damit dekorieren und den Melon Man servieren.

Midori, ein Melonenlikör, stammt ursprünglich aus Japan. Übersetzt bedeutet das Wort „grün".

APRICOT FLOWER

Für 1 Drink:
3 cl Vodka
2 cl Apricot Brandy
1 cl Licor 43 (Gewürzlikör)
3 cl Zitronensaft
6 cl Orangensaft
1 cl Zuckersirup
1 Cocktailkirsche
½ Orangenscheibe (unbehandelt)

1 Ein Shakerglas mit Eiswürfeln füllen. Vodka, Apricot Brandy, Licor 43, Zitronensaft, Orangensaft und Zuckersirup dazugeben. Den Shaker fest verschließen.

2 Die Zutaten kräftig shaken. Den Drink durch ein Barsieb in ein Grand-Cru-Glas abstrainen. Das Glas mit Eiswürfeln auffüllen.

3 Die Cocktailkirsche mit einem Holzspießchen an der Orangenscheibe befestigen und dann dekorativ an den Glasrand setzen. Apricot Flower sofort servieren.

COSMOPOLITAN

Für 1 Drink:
3 cl Vodka
1,5 cl Grand Marnier
1 cl Lime Juice
4 cl Cranberrynektar
1 Limettenscheibe (unbehandelt)

1 Ein Shakerglas mit Eiswürfeln füllen. Vodka, Grand Marnier, Lime Juice und Cranberrynektar dazugeben. Dann den Shaker fest verschließen und die Zutaten kräftig shaken.

2 Den Drink durch ein Barsieb in eine gut gekühlte Cocktailschale abstrainen. Zum Schluss die Limettenscheibe an den Glasrand stecken und den Cosmopolitan servieren.

Expertentipp
Ursprünglich wurde der Cosmopolitan mit Cointreau gemixt. Wir verwenden aber Grand Marnier, weil wir finden, dass dieser Drink damit eine noch interessantere Note erhält.

Erstmals erwähnt wurde der Cosmopolitan 1934 in einem Barbuch, danach geriet der Drink aber wieder in Vergessenheit. Damals wurde er anstelle von Vodka noch mit Gin und Himbeere gemixt. Erst Ende der 1980er-Jahre tauchte der Cosmopolitan wieder in Barkarten auf.
Heute zählt er zu den beliebtesten Drinks, nicht zuletzt durch seine „Auftritte" in der Kultserie „Sex and the City", in der er der erklärte Lieblingsdrink der Hauptdarstellerinnen ist. Der Cosmopolitan steht inzwischen sinnbildlich für die moderne, designorientierte Barkultur, die sich seit den 1990er-Jahren entwickelte.

EL MEXICANO (ABB. S. 139)

Für 1 Drink:
1 Limette (unbehandelt)
1 bl Rohrzuckersirup
3 cl Licor 43 (Gewürz-likör)
3 cl Vodka
2 cl Soda
3 Thai-Chilischoten

1 Die Limette waschen und trocken reiben. Dann in 8 Stücke schneiden. In ein Grand-Cru-Glas geben und stößeln.

2 Rohrzuckersirup, Gewürzlikör und Vodka in das Glas geben. Crushed Ice dazugeben und das Ganze mit Soda aufgießen.

3 Die Chilischoten mit der Spitze eines Messers leicht einritzen, die Schoten dabei aber nicht aufschneiden. In den Drink geben und El Mexicano servieren.

Expertentipp
Die Chilischoten sollten nur eingeschnitten werden, da der Drink sonst zu scharf wird. Sie sollen den Drink nur aromatisieren, nicht aber die übrigen Geschmäcker überdecken.
Chilischoten spielen in Mexiko eine besonders wichtige Rolle. Ihre unzähligen Arten zählen zu den wichtigsten Würzzutaten und sie sind ursprünglich hier beheimatet. Für dieses Rezept eignen sich aber aufgrund des Geschmacks und der Größe Thai-Chilis besonders gut.

Pikant und vielfältig – so erleben wir Mexiko. Und nicht zuletzt die mexikanische Küche ist unverwechselbar, denn sie ist geprägt von nordamerikanischen, spanischen, französischen und auch arabischen Einflüssen.
So feurig und farbenprächtig wie die ganze Kultur Mexikos präsentiert sich auch der Cocktail El Mexicano, der mit der wohl berühmtesten mexikanischen Zutat, nämlich der Chili, eine ganz besondere Note erhält.

HARVEY WALLBANGER (ABB. S. 141)

Für 1 Drink:
4 cl Vodka
1 cl Licor 43 (Gewürzlikör)
15 cl Orangensaft
½ Orangenscheibe (unbehandelt)

1 Den Vodka mit dem Gewürzlikör in ein Longdrinkglas geben. 3–5 Eiswürfel dazugeben und dann das Ganze mit dem Orangensaft aufgießen.

2 Die halbierte Orangenscheibe in das Glas geben. Anschließend den Harvey Wallbanger sofort servieren.

Expertentipp
Das Originalrezept verwendet für diesen Drink Galliano, uns und unseren Gästen schmeckt er aber mit Licor 43 noch besser.

Wie bei vielen Cocktails gibt es auch zur Entstehung dieses Drinks verschiedene Geschichten. Eine geht auf einen Surfer namens Harvey aus Kalifornien zurück:

Er soll von einem Surfwettbewerb ausgeschlossen worden sein; nachdem er aus Frust mehrere dieser Cocktails getrunken hatte, soll er mit seinem Kopf immer wieder gegen die Barwand gestoßen sein. Und so hatte der Drink, der ursprünglich Italian Screwdriver hieß, einen neuen Namen.

MOSCOW MULE

Für 1 Drink:
5 cl Vodka
1 cl Limettensaft, frisch gepresst
15 cl Ginger Beer
2 Gurkenscheiben

1 Vodka und Limettensaft in ein Double Old Fashioned gießen und mit Eiswürfeln auffüllen. Dann mit Ginger Beer aufgießen.

2 Gurkenscheiben in den Drink setzen. Anschließend Moscow Mule servieren.

SEX ON THE BEACH (ABB. S. 143)

Für 1 Drink:
4 cl Vodka
2 cl Pfirsichlikör
1 bl Grenadinesirup
1 bl Zitronensaft
6 cl Orangensaft
6 cl Cranberrynektar
1 Cocktailkirsche
¼ Ananasscheibe

1 Ein Shakerglas mit Eiswürfeln füllen. Vodka, Pfirsichlikör, Grenadinesirup, Zitronen- und Orangensaft sowie Cranberrynektar dazugeben.

2 Den Shaker fest verschließen und die Zutaten kräftig shaken. Den Drink durch ein Barsieb in ein Grand-Cru-Glas abstrainen. Dann das Glas mit Crushed Ice füllen.

3 Die Cocktailkirsche mit einem kleinen Holzspießchen an der Ananasscheibe feststecken. Das Ganze dekorativ an den Glasrand setzen und Sex on the Beach servieren.

Vermutlich stammt dieses beliebte Cocktailrezept aus Florida und wurde in den 1980er-Jahren kreiert.

KEY WEST COOLER

Für 1 Drink:
4 cl Cranberrynektar
3 cl Vodka
2 cl Malibu
2 cl Melonenlikör
2 cl Pfirsichlikör
6 cl Orangensaft
1 Cocktailkirsche
½ Orangenscheibe (unbehandelt)

1 Den Cranberrynektar in ein Grand-Cru-Glas gießen. Crushed Ice dazugeben, aber das Glas nicht ganz voll machen.

2 Ein Shakerglas mit Eiswürfeln füllen. Vodka, Malibu, Melonen- und Pfirsichlikör sowie Orangensaft dazugießen. Den Shaker fest verschließen und die Zutaten kräftig shaken.

3 Den Drink durch ein Barsieb und über einen Barlöffel vorsichtig auf den Nektar im Glas geben, sodass sich die Flüssigkeiten nicht vermischen.

4 Die Cocktailkirsche mit einem kleinen Holzspieß an der Orangenscheibe befestigen. Dekorativ an den Glasrand setzen. Key West Cooler sofort servieren.

FLYING CANGAROO (ABB. S. 145)

Für 1 Drink:
2 cl Sahne
2 cl Kokos-Fruchtsirup
2 cl Rum
2 cl Vodka
1 cl Licor 43 (Gewürzlikör)
4 cl Orangensaft
4 cl Ananassaft
1 Cocktailkirsche
½ Orangenscheibe (unbehandelt)

1 Ein Shakerglas mit Eiswürfeln füllen. Sahne, Kokossirup, Rum, Vodka, Gewürzlikör und Orangen- sowie Ananassaft dazugeben. Den Shaker fest verschließen und alle Zutaten kräftig shaken.

2 Den Drink anschließend durch ein Barsieb in ein Grand-Cru-Glas abstrainen. Das Ganze mit Crushed Ice auffüllen.

3 Die Cocktailkirsche mit einem Holzspießchen an der Orangenscheibe befestigen. Das Ganze dekorativ an den Glasrand setzen und danach Flying Cangaroo servieren.

Expertentipp
Dieser Cocktail wird klassischerweise mit Galliano gemixt. Wir verwenden aber Licor 43, weil der Drink so uns und unseren Gästen noch besser schmeckt.

Dieser aromatische Drink kann mit seiner cremigen Konsistenz und dem leckeren Kokosaroma auch in die Kategorie der Coladas eingeordnet werden.

TOUCH DOWN (ABB. S. 147)

Für 1 Drink:
4 cl Vodka
2 cl Apricot Brandy
2 cl Zitronensaft
2 cl Lime Juice
4 cl Maracujanektar
1 cl Grenadinesirup
1 Cocktailkirsche
2 Limettenzwölftel (unbehandelt)

1 Ein Shakerglas mit Eiswürfeln füllen. Den Vodka mit Apricot Brandy, Zitronensaft, Lime Juice, Maracujanektar und Grenadinesirup dazugeben. Anschließend den Shaker fest verschließen und die Zutaten kräftig shaken.

2 Den Drink durch ein Barsieb in einen Tumbler mit 31 cl Füllmenge abstrainen. Das Glas mit Crushed Ice auffüllen.

3 Die Cocktailkirsche mit den Limettenstücken in den Drink geben. Dann Touch Down servieren.

Dieser fruchtig-süße Cocktail ist besonders in der warmen Jahreszeit beliebt!

Bei diesem Drink ist die Geschichte der Namensgebung nicht bekannt. Übersetzt bezieht sich der Name aber auf den Moment der Landung eines Gegenstands.

SCREAMING ORGASM

Für 1 Drink:
2 cl Vodka
2 cl Kahlúa
2 cl Baileys
2 cl Sahne
1 Cocktailkirsche

1 Ein Shakerglas mit Eiswürfeln füllen. Vodka, Kahlúa, Baileys und Sahne dazugeben. Den Shaker fest verschließen und die Zutaten kräftig shaken.

2 Den Drink durch ein Barsieb in eine gut vorgekühlte Cocktailschale abstrainen. Die Cocktailkirsche an den Glasrand setzen und Screaming Orgasm servieren.

DEVIL'S TAIL (ABB. S. 149)

Für 1 Drink:
2 cl Vodka
2 cl Rum
2 cl Apricot Brandy
4 cl Lime Juice
1 bl Grenadinesirup
1 bl Zitronensaft
1 Limettenscheibe (unbehandelt)

1 Ein Shakerglas mit Eiswürfeln füllen. Vodka, Rum, Apricot Brandy, Lime Juice, Grenadinesirup und Zitronensaft dazugeben. Den Shaker fest verschließen und die Zutaten kräftig shaken.

2 Den Drink anschließend durch ein Barsieb in eine gut vorgekühlte Cocktailschale abstrainen. Die Limettenscheibe an den Glasrand stecken und dann Devil's Tail servieren.

Dieser Cocktail mit seinem leicht herben Aroma wird zu den After-Dinner-Drinks gezählt.

SEA BREEZE

Für 1 Drink:
5 cl Vodka
5 cl Grapefruitsaft
10 cl Cranberrysaft
½ Limettenscheibe (unbehandelt)

1 Vodka und Grapefruitsaft in ein Longdrinkglas geben. Beides verrühren und dann ca. 4 Eiswürfel in das Glas geben.

2 Den Drink mit Cranberrysaft auffüllen. Die halbierte Limettenscheibe an den Glasrand setzen und Sea Breeze servieren.

KAMIKAZE (ABB. S. 151)

Für 1 Drink:
4 cl Vodka
3 cl Triple Sec
4 cl Lime Juice
1 cl Zitronensaft
¼ Limette (unbehandelt)

1 Ein Shakerglas mit Eiswürfeln füllen. Den Vodka mit Triple Sec, Lime Juice und Zitronensaft dazugeben. Den Shaker fest verschließen und die Zutaten kräftig shaken.

2 Einige Eiswürfel in einen Tumbler mit 27 cl Füllmenge geben. Den Drink durch ein Barsieb in das Glas abstrainen.

3 Limette in drei Stücke teilen und in den Drink geben. Kamikaze sofort servieren.

Der Name dieses Cocktails verweist darauf, dass man die Menge des konsumierten Alkohols durch den limonadenartigen Geschmack unterschätzt; und auch die Wirkung der gleichnamigen japanischen Armee-Einheiten war mehr als gefürchtet.

CASABLANCA

Für 1 Drink:
4 cl Vodka
2 cl Eierlikör
2 cl Zitronensaft
8 cl Orangensaft
1 Orangenscheibe (unbehandelt)

1 Ein Shakerglas mit Eiswürfeln füllen. Vodka mit Eierlikör, Zitronensaft und Orangensaft hineingeben. Den Shaker fest verschließen und das Ganze kräftig shaken.

2 Ein Longdrinkglas etwa ein Drittel hoch mit Crushed Ice füllen. Den Drink durch ein Barsieb in das Glas abstrainen. Die Orangenscheibe an den Glasrand setzen und Casablanca servieren.

BLACK RUSSIAN (ABB. S. 133 LINKS)

Für 1 Drink:
5 cl Vodka
4 cl Kahlúa
1 Cocktailkirsche

1 Vodka und Kahlúa in einen Tumbler mit 27 cl Füllmenge geben. Eiswürfel in den Drink geben.

2 Die Cocktailkirsche an einer Seite anschneiden. Dann die Kirsche auf den Glasrand stecken und Black Russian sofort servieren.

WHITE RUSSIAN (ABB. S. 133 RECHTS)

Für 1 Drink:
4 cl Vodka
3 cl Kahlúa
2 cl Sahne
1 Cocktailkirsche

1 Vodka, Kahlúa und Eiswürfel in ein Rührglas geben und mit einem Löffel verrühren. Dann das Ganze in eine gut gekühlte Cocktailschale abstrainen.

2 Die Sahne mit der Spirale des Barsiebs in den Shaker geben. Den Shaker fest verschließen und kräftig shaken, um die Sahne anzuschlagen.

3 Die Sahne auf den Drink layern; dazu am besten das Ganze vorsichtig über einen Barlöffel gießen. Die Sahne darf sich mit den dunklen Zutaten im Glas nicht vermischen.

4 Die Cocktailkirsche anschneiden und auf den Glasrand setzen. White Russian servieren.

Der White Russian erlangte durch den Film „The Big Lebowski“ eine gewisse Berühmtheit:

Der Hauptdarsteller trank den Drink allerdings nicht mit Sahne, sondern mit Half & Half, einer Sahne-Milch-Mischung. Diese wird mit den alkoholischen Zutaten verrührt. Dann sollte der Drink, der dann als Dude Style bezeichnet wird, auf Eis in einem Tumbler serviert werden.

JUMBO DRINKS

SOMA BAY (ABB. S. 155)

Für 1 Drink:
3 cl Vodka
3 cl Gin
2 cl Triple Sec
3 cl Zitronensaft
1 cl Lime Juice
8 cl Orangensaft
4 cl Ananassaft
1 cl Grenadinesirup
1 Cocktailkirsche
1 Ananasblatt
½ Orangenscheibe (unbehandelt)

PROFI

1 Vodka, Gin und Triple Sec in ein Jumbo-Glas geben. Zitronensaft, Lime Juice, Orangensaft und Ananassaft dazugießen.

2 Das Glas mit Crushed Ice auffüllen. Grenadinesirup auf den Drink layern; dafür den Sirup am besten vorsichtig über einen Barlöffel auf den Cocktail laufen lassen.

3 Die Cocktailkirsche zusammen mit dem Ananasblatt mithilfe eines kleinen Holzstäbchens an der halbierten Orangenscheibe befestigen. Das Ganze dekorativ an den Glasrand setzen und Soma Bay servieren.

BAHAMA MAMA

Für 1 Drink:
je 2 cl jamaikanischer, kubanischer und venezolanischer Rum
1 bl jamaikanischer Rum 73 %
2 cl Zitronensaft
2 cl Kokos-Fruchtsirup
3 cl Maracujanektar
4 cl Ananassaft
4 cl Orangensaft
1 Cocktailkirsche
¼ Ananasscheibe

1 Ein Shakerglas mit Eiswürfeln füllen. Die vier Rumsorten mit Zitronensaft, Kokos-Fruchtsirup, Maracujanektar, Ananas- und Orangensaft dazugeben. Den Shaker fest verschließen.

2 Die Zutaten kräftig shaken. Den Drink durch ein Barsieb in ein Jumbo-Glas abstrainen. Das Glas mit Eiswürfeln auffüllen.

3 Die Cocktailkirsche mit einem kleinen Holzspießchen an der Ananasscheibe befestigen. Die Ananas dekorativ an den Glasrand setzen und Bahama Mama sofort servieren.

BIG BEN (ABB. S. 157)

Für 1 Drink:
4 cl Vodka
3 cl Pfirsichlikör
3 cl Apricot Brandy
2 cl Zitronensaft
1 cl Mangosirup
5 cl Ananassaft
5 cl Maracujanektar
2 cl Kirschnektar
1 Cocktailkirsche
¼ Ananasscheibe

PROFI

1 Vodka, Pfirsichlikör und Apricot Brandy in ein Jumbo-Glas geben. Zitronensaft, Mangosirup, Ananassaft und Maracujanektar dazugeben.

2 Das Glas mit Crushed Ice auffüllen. Den Kirschnektar vorsichtig auf den Cocktail layern; dafür den Nektar am besten langsam über einen Barlöffel in den Drink laufen lassen.

3 Die Cocktailkirsche mit einem kleinen Holzspieß an der Ananasscheibe feststecken. Ananas auf den Glasrand setzen und Big Ben servieren.

Dieser erfrischende Cocktail macht durch seine farbigen Schichten auch optisch viel her, deshalb beim Layern vorsichtig vorgehen.

HURRICANE

Für 1 Drink:
je 2 cl kubanischer und jamaikanischer Rum, Apricot Brandy, Zitronensaft, Lime Juice
1 bl Grenadinesirup
7 cl Ananassaft
7 cl Orangensaft
1 cl jamaikanischer Rum 73 %
1 Orangenscheibe (unbehandelt)

1 Kubanischen und jamaikanischen Rum mit Apricot Brandy in ein Jumbo-Glas gießen. Crushed Ice in das Glas geben.

2 Den Zitronensaft mit Lime Juice, Grenadinesirup, Ananas- und Orangensaft dazugießen. Zum Schluss den Rum 73 % obenauf geben.

3 Die Orangenscheibe dekorativ auf den Glasrand setzen. Dann den Huccicane sofort servieren.

ENCHILADA COOLER

Für 1 Drink:
3 cl Rum
3 cl Triple Sec
2 cl Apricot Likör
2 cl Cherry Brandy
2 cl Lime Juice
2 cl Zitronensaft
1 bl Grenadinesirup
2 cl Orangensaft
2 cl Ananassaft
12 cl Maracujanektar
1 Cocktailkirsche
½ Orangenscheibe (unbehandelt)
2 Limettenzwölftel (unbehandelt)

1 Rum, Triple Sec, Apricot Likör und Cherry Brandy in ein Jumbo-Glas geben. Dann Lime Juice mit Zitronensaft, Grenadinesirup, Orangensaft und Ananassaft dazugeben.

2 Einige Eiswürfel in das Glas füllen. Anschließend das Ganze mit Maracujanektar aufgießen.

3 Die Cocktailkirsche mit einem kleinen Holzspieß an der Orangenscheibe feststecken und dann an den Glasrand setzen. Limettenstücke auf den Drink geben und Enchilada Cooler servieren.

Expertentipp
Dieser Cocktail gilt als unser Cocktail schlechthin und ist das Aushängeschild der Enchilada-Bars!

Dieser Cocktail ist der wohl beliebteste Drink der Enchilada-Bars. Er entstand in den 1990er-Jahren in Augsburg und war anfangs nur ein Insider-Tipp:

Zwei Bedienungen wünschten sich vom Barkeeper einen neuen Drink, der groß, fruchtig, erfrischend und mit Alkohol sein sollte. Die spontan entstandene Kreation begeisterte die Servicekräfte so, dass er bald zum Lieblingsgetränk der Belegschaft wurde. Als ein Gast wissen wollte, was die Kellner trinken, wurde er erstmals auch für (Stamm-) Gäste gemixt. Und der Enchilada Cooler kam so gut an, dass er es schnell zunächst auf die Wochenkarte und nicht viel später auch auf die reguläre Karte schaffte.

LONG ISLAND ICE TEA

Für 1 Drink:
2 cl weißer Tequila
2 cl Triple Sec
2 cl Rum
2 cl Vodka
2 cl Gin
2 cl Lime Juice
2 cl Lemon Juice
2 cl Zitronensaft
15 cl Cola
2 Limettenzwölftel (unbehandelt)

1 Tequila mit Triple Sec, Rum, Vodka und Gin in ein Jumbo-Glas geben. Lime und Lemon Juice mit Zitronensaft und Cola dazugeben.

2 Das Glas mit Crushed Ice auffüllen. Limettenstücke auf den Drink geben und dann den Long Island Ice Tea servieren.

Expertentipp
Anders als es der Name vermuten lässt, enthält dieser Drink keinen Eistee. Vielmehr erinnert die Farbe dieses Cocktails daran.

Wie bei so vielen Drinks ranken sich auch um die Entstehung dieses Cocktails sowie um die Namensgebung viele Geschichten:

Eine dieser Geschichten erzählt, dass der Name dieses legendären Drinks während der Prohibition in den USA entstanden ist. Zu dieser Zeit war Alkohol dort verboten, und Name und Aussehen des Drinks täuschten über die tatsächlichen Zutaten hinweg. Barkeeper sollen mit diesem Cocktail also versucht haben, Alkohol unbemerkt zu verkaufen. Auch gibt es Legenden rund um Hausfrauen und Studenten, die sich immer nur in kleinen Mengen, dafür an verschiedenen Flaschen aus den heimischen Hausbars bedient haben sollen. Zur Tarnung wurde das Ganze dann mit etwas Cola aufgegossen.
Faktisch erschien der Long Island Ice Tea aber erst in den 1970er-Jahren auf den Karten der Cocktailbars.

LONG PALOMA (ABB. S. 163)

Für 1 Drink:
je 2 cl weißer Tequila, Triple Sec, Rum, Vodka, Gin, Lime Juice, Lemon Juice, Zitronensaft
12 cl Pink Grapefruit Limonade
2 Limettenzwölftel (unbehandelt)

1 Den Tequila mit Triple Sec, Rum, Vodka und Gin in ein Jumbo-Glas geben. Anschließend Lime und Lemon Juice mit Zitronensaft dazugeben.

2 Den Drink mit Pink Grapefruit Limonade aufgießen. Zum Schluss das Glas mit Crushed Ice auffüllen.

3 Die Limettenstücke auf den Drink geben und dann den Long Paloma servieren.

Trotz des ähnlichen Namens haben der Long Paloma und der Paloma nichts miteinander zu tun.

LONG GINGER

Für 1 Drink:
je 2 cl Vodka, Gin, Triple Sec, Tequila, Rum, Lime Juice, Lemon Juice, Zitronensaft
3 Stängel Minze
16 cl Ginger Ale

1 Vodka, Gin, Triple Sec, Tequila und Rum in ein Jumbo-Glas geben. Dann Lime Juice, Lemon Juice und Zitronensaft dazugießen.

2 Die Minzstängel abbrausen und trocken tupfen. Eiswürfel in das Glas geben und die Minzstängel in den Drink setzen.

3 Den Cocktail mit Ginger Ale aufgießen. Dann den Long Ginger sofort servieren.

CLOUD 9 (ABB. S. 165)

Für 1 Drink:
5 cl Vodka
je 2 cl Blue Curaçao, Bananensirup, Malibu, Lime Juice
4 cl Zitronensaft
8 cl Orangensaft
8 cl Ananassaft
1 Cocktailkirsche
¼ Ananasscheibe

1 Vodka mit Blue Curaçao, Bananensirup, Malibu, Lime Juice und Zitronensaft in ein Jumbo-Glas geben. Eiswürfel in das Glas geben.

2 Den Drink dann mit Orangensaft und Ananassaft auffüllen.

3 Die Cocktailkirsche mit einem kleinen Holzstäbchen an der Ananasscheibe befestigen. Die Dekoration an den Glasrand stecken und anschließend Cloud 9 servieren.

LONG BEACH (ABB. S. 153 VORN LINKS)

Für 1 Drink:
je 2 cl weißer Tequila, Triple Sec, Rum, Vodka, Gin, Lime Juice, Lemon Juice, Zitronensaft
15 cl Johannisbeernektar
2 Limettenzwölftel (unbehandelt)

1 Den weißen Tequila mit Triple Sec, Rum, Vodka und Gin in ein Jumbo-Glas geben. Dann Lime Juice und Lemon Juice mit Zitronensaft und Johannisbeernektar dazugeben.

2 Das Glas mit Crushed Ice auffüllen. Die Limettenstücke auf den Drink geben und dann Long Beach servieren.

Je nach Rezept und Geschmack wird manchmal für diese Variante des Long Island Ice Teas auch Cranberrynektar oder -saft verwendet.

LONG ISLAND BULL (ABB. S. 153 HINTEN RECHTS)

Für 1 Drink:
je 2 cl weißer Tequila, Triple Sec, Rum, Vodka, Gin, Lime Juice, Lemon Juice, Zitronensaft
12 cl Red Bull
2 Limettenzwölftel (unbehandelt)

1 Den weißen Tequila mit Triple Sec, Rum, Vodka und Gin in ein Jumbo-Glas geben. Dann Lime Juice und Lemon Juice mit Zitronensaft und Red Bull dazugießen.

2 Das Glas mit Crushed Ice auffüllen. Die Limettenstücke auf den Drink geben und dann den Long Island Bull servieren.

Ursprünglich war diese Variante des Long Island Ice Teas unter dem Namen Long Island Energy bekannt.

LECTRIC LEMONADE (ABB. S. 153 HINTEN 3. VON RECHTS)

Für 1 Drink:
je 2 cl weißer Tequila, Triple Sec, Rum, Vodka, Gin, Lime Juice, Lemon Juice, Zitronensaft
15 cl Zitronenlimonade
2 Limettenzwölftel (unbehandelt)

1 Den weißen Tequila mit Triple Sec, Rum, Vodka und Gin in ein Jumbo-Glas geben. Danach Lime Juice und Lemon Juice mit Zitronensaft und Zitronenlimonade angießen.

2 Lectric Lemonade mit Crushed Ice auffüllen. Limettenstücke auf den Drink geben und den Cocktail servieren.

LONGDRINKS

SOUTHERN SPRITE (ABB. S. 169 RECHTS)

Für 1 Drink:
4 cl Southern Comfort
16 cl Zitronenlimonade
½ Zitronenscheibe (unbehandelt)

1 Southern Comfort in ein Longdrinkglas geben und einige Eiswürfel dazugeben. Das Ganze mit der Zitronenlimonade aufgießen.

2 Die halbierte Zitronenscheibe in das Longdrinkglas geben und anschließend den Southern Sprite sofort servieren.

Expertentipp
Longdrinks erfreuen sich wieder sehr großer Beliebtheit. Immer mehr werden dabei beim Mixen hochwertige Alkoholika und Filler verwendet.

CAPTAIN COLA (ABB. S. 169 LINKS)

Für 1 Drink:
4 cl Captain Morgan Spiced Gold
16 cl Cola
½ Limettenscheibe (unbehandelt)

1 Captain Morgan in ein Longdrinkglas geben. 3–5 Eiswürfel in das Glas füllen und dann das Ganze mit Cola aufgießen.

2 Die halbierte Limettenscheibe in den Longdrink geben und anschließend Captain Cola servieren.

Wird ein anderer Rum für diesen Klassiker verwendet, findet sich der Drink auf Cocktailkarten meistens unter der Bezeichnung Rum Cola.

Captain
& Cola

TANQUERAY TONIC (GIN TONIC; ABB. S. 171)

Für 1 Drink:
4 cl Tanqueray Gin
16 cl Tonic Water
1 Zitronenzeste (unbehandelt)

PROFI

1 Den Gin in ein Longdrinkglas gießen. Einige Eiswürfel dazugeben und dann das Ganze mit Tonic Water auffüllen.

2 Die Zitronenzeste über dem Drink abspritzen. Dann die Zeste in das Glas geben und den Tanqueray Tonic servieren.

Expertentipp
Unter dem Abspritzen einer Zeste versteht man das leichte „Auswringen“ über einem Drink, um ihn mit dem Aroma der Schale zu aromatisieren. Hierfür nimmt man die Zeste zwischen Daumen und Zeigefinger beider Hände und dreht sie leicht ein.

VODKA LEMON

Für 1 Drink:
4 cl Vodka
16 cl Bitter Lemon
½ Zitronenscheibe (unbehandelt)

1 Den Vodka in ein Longdrinkglas geben. Einige Eiswürfel dazugeben und dann den Drink mit Bitter Lemon aufgießen.

2 Die Zitronenscheibe nochmals halbieren. Die Viertel in den Drink geben und dann Vodka Lemon sofort servieren.

Wem das Bitter Lemon etwas zu süß ist, kann auch noch einen Spritzer Soda in den Drink geben.

43 BLANCO (ABB. S. 173)

Für 1 Drink:
4 cl Licor 43 (Gewürzlikör)
16 cl Milch

1 Den Gewürzlikör in ein Longdrinkglas gießen. Dann einige Eiswürfel in das Glas geben.

2 Den Likör mit der Milch auffüllen. Anschließend den Drink servieren.

Dieser Drink ist aromatisch-vanillig und durch die Milch gleichzeitig mild.

CAMPARI ORANGE

Für 1 Drink:
4 cl Campari
16 cl Orangensaft
½ Orangenscheibe (unbehandelt)

1 Campari in ein Longdrinkglas geben. Ca. 4 Eiswürfel dazugeben und dann das Ganze mit Orangensaft auffüllen.

2 Die halbierte Orangenscheibe in den Drink geben oder an den Glasrand setzen. Dann Campari Orange servieren.

43
CUARENTA Y TRES
DZ LICORES S.L.

GIN & JUICE (ABB. S. 175 RECHTS)

Für 1 Drink:
4 cl Gin
16 cl Ananassaft
1 Cocktailkirsche

1 Gin in ein Longdrinkglas geben. Einige Eiswürfel in das Glas geben und dann das Ganze mit Ananassaft aufgießen.

2 Die Cocktailkirsche in den Longdrink geben. Anschließend Gin & Juice sofort servieren.

Gin & Juice kann auch mit anderen Säften zubereitet werden; in dieser Variante schmeckt der Drink aber besonders nach Sonne und Strand!

GRÜNE WITWE

Für 1 Drink:
16 cl Orangensaft
4 cl Blue Curaçao
1 Orangenscheibe (unbehandelt)

1 Den Orangensaft in ein Longdrinkglas gießen. Dann einige Eiswürfel dazugeben.

2 Das Glas leicht schräg halten. Blue Curaçao in einem dünnen Strahl und langsam am Glasrand in das Glas laufen lassen. Dann Grüne Witwe servieren.

Indem der Blue Curaçao in einem dünnen Strahl eingegossen wird und am Glasrand entlangfließt, soll erreicht werden, dass sich das Blau unten absetzt und sich dann darüber langsam mit dem Orangensaft zu einer grünen Farbe verbindet.

SMIRNOFF BULL (VODKA BULL; ABB. S. 167 RECHTS)

Für 1 Drink:
4 cl Smirnoff Red
16 cl Red Bull

1 Vodka in ein Longdrinkglas geben. Dann einige Eiswürfel hineingeben.

2 Den Drink mit Red Bull aufgießen. Anschließend Smirnoff Bull servieren.

Expertentipp
Gut schmeckt dieser Drink auch mit aromatisierten Energydrinks.

SCREWDRIVER (ABB. S. 167 LINKS)

Für 1 Drink:
4 cl Vodka
16 cl Orangensaft
½ Orangenscheibe (unbehandelt)

1 Den Vodka in ein Longdrinkglas geben. Danach ca. 4 Eiswürfel in das Glas geben und dann das Ganze mit Orangensaft aufgießen.

2 Die halbierte Orangenscheibe in das Glas geben. Screwdriver servieren.

Wie um viele Drinks, so ranken sich auch um die Entstehung und Namensgebung des Screwdrivers diverse Geschichten:

Eine erzählt, dass der Name Anfang des 20. Jahrhunderts auf den Baustellen der Wolkenkratzer in den USA entstanden ist. Hier herrschte absolutes Alkoholverbot, und so soll dieses Getränk in großen Schraubenschlüsseln dorthin geschmuggelt worden sein.

HEISSGETRÄNKE

MEXICAN COFFEE (ABB. S. 179)

Für 1 Drink:
2 cl weißer Tequila
2 cl Kahlúa
20 cl heißer Kaffee
Sprühsahne

1 Den weißen Tequila mit Kahlúa und heißem Kaffee in einen Tumbler mit 31 cl Füllmenge gießen. Die Sprühsahne turmartig daraufsetzen und dann sofort heiß servieren.

Expertentipp
Wer mag, verfeinert dieses lecker-wärmende Rezept noch mit etwas Karamellsirup und dekoriert den Drink mit Kaffeebohnen.

COCO COFFEE

Für 1 Drink:
2 bl Kokosflocken
2 cl Kokoslikör
25 cl heißer Kaffee
6 bl Sahne

1 Kokosflocken in einer beschichteten Pfanne ohne Fett leicht anrösten, bis sie hellbraun sind. Kokoslikör mit Kaffee verrühren.

2 Sahne steif schlagen. Kaffee in ein Glas füllen. Eine Sahnehaube daraufsetzen und mit den Kokosflocken bestreut servieren.

BRANDY-ESPRESSO

Für 1 Drink:
1 bl Kakaopulver
1 Msp. Zimtpulver
2 cl Brandy
2 bl Zucker
10 cl heißer Espresso
1 Zimtstange

1 Kakaopulver und Zimtpulver in ein Glas geben. Dann Brandy und Zucker zugeben und das Ganze gründlich verrühren.

2 Heißen Espresso dazugießen und so lange rühren, bis sich alles aufgelöst hat. Die Zimtstange in den Espresso geben und sofort servieren.

PURO MÉXICO

LUMUMBA (ABB. S. 181)

Für 1 Drink:
4 cl Spiced Rum
20 cl Milch
6 bl Schokoladenpulver
Sprühsahne
Schokoladenpulver zum Bestreuen

1 Spiced Rum mit der Milch in einen Topf geben. Erwärmen, dabei aber darauf achten, dass das Ganze nicht kocht!

2 Wenn die Milch heiß ist, das Schokoladenpulver dazugeben und klümpchenfrei einrühren. Die Rum-Schoko-Milch in ein hitzebeständiges Glas mit Henkel gießen.

3 Auf die Milch turmartig Sahne sprühen. Mit etwas Schokoladenpulver bestäuben und dann Lumumba heiß servieren.

ORIENTALISCHER KAFFEE

Für 1 Drink:
¼ Zimtstange
1 Kardamomkapsel
abgeriebene Schale von ¼ Orange (unbehandelt)
3 bl Zucker
5 cl Weinbrand
1 cl Orangenlikör
6 bl Sahne
12,5 cl heißer Kaffee
je 2 bl fein gehackte Pistazien und abgeriebene Orangenschale (unbehandelt) zum Bestreuen

1 Zimtstange zerkleinern und zusammen mit der Kardamomkapsel in einem Mörser zerdrücken. Mit der Orangenschale in einen Topf geben.

2 Zucker, Weinbrand und Orangenlikör zu den Gewürzen geben und alles unter Rühren bei schwacher Hitze erwärmen, dabei den Zucker auflösen.

3 Sahne mit dem Handrührgerät steif schlagen. Topf vom Herd nehmen, die Weinbrandmischung mit einem langen Streichholz anzünden, flambieren und ausbrennen lassen.

4 Kaffee zugeben und durch ein Sieb in eine Tasse gießen. Die Sahne daraufsetzen. Zum Schluss das Ganze mit gehackten Pistazien und der abgeriebenen Orangenschale bestreuen.

CAPTAIN'S GROG (ABB. S. 183)

Für 1 Drink:
3 cl Captain Morgan Spiced Gold
1 cl jamaikanischer Rum 73 %
2 cl Lime Juice
2,5 cl Limettensaft, frisch gepresst
1–2 cl Vanillesirup
20 cl heißes Wasser
¼ Limette

1 Die beiden Rumsorten mit Lime Juice, Limettensaft und dem Vanillesirup in ein hitzebeständiges Glas mit Henkel geben. Dann das Ganze mit dem heißen Wasser aufgießen.

2 Das Limettenviertel nochmals längs halbieren. Die Stücke zwischen Frucht und Schale bis zur Hälfte einschneiden und auf den Glasrand stecken. Dann Captain's Grog servieren.

Dieser Drink wärmt besonders in den kalten Monaten.
Aber auch für den Sommer gibt es eine leckere Variante:

Ein Shakerglas mit Eiswürfeln füllen. Beide Rumsorten, Lime Juice, Limettensaft und Vanillesirup dazugeben. Den Shaker fest verschließen und kräftig shaken. Den Drink durch ein Barsieb in ein Double Old Fashioned abstrainen und Eiswürfel dazugeben. Mit 10 cl Soda aufgießen und die sommerliche Variante des Drinks servieren.

GLÜHENDE KIRSCHE

Für 1 Drink:
1 Beutel roter Früchtetee
20 cl heißes Wasser
1 Orange (unbehandelt)
4 cl Kirschlikör
½ Zitronenscheibe (unbehandelt)
1 Stängel Minze

1 Den Teebeutel mit 200 ml kochend heißem Wasser aufgießen und nach Anweisung ziehen lassen, dabei heiß halten.

2 Orange heiß waschen und trocken reiben. Anschließend die Frucht dünn schälen, Orangenschale in feine Streifen schneiden und in den Früchtetee geben. Kirschlikör hinzufügen und umrühren. Mit der Zitronenscheibe und Minze garniert servieren.

CUARENTA Y TRES CON LECHE CALIENTE

(ABB. S. 185)

Für 1 Drink:
23 cl Milch
4 cl Licor 43 (Gewürzlikör)

1 Milch in einen Topf geben und erhitzen. Sie soll aber nicht kochen.

2 Die heiße Milch in einen Tumbler mit 31 cl Füllmenge gießen. Den Gewürzlikör dazugeben und den Drink servieren.

ROTER WÜRZPUNSCH

Für 1 Drink:
10 cl Eistee Apfel
5 cl Kirschnektar
5 cl Rotwein
1 bl Lebkuchengewürz
Honig
Zitronensaft
1 Karambolescheibe

1 Eistee mit Kirschnektar, Rotwein und Lebkuchengewürz in einen Topf geben und langsam erhitzen. Dabei aber nicht kochen lassen.

2 Punsch mit etwas Honig und Zitronensaft abschmecken. Das Ganze 5 Minuten ziehen lassen. Karambole waschen und in Scheiben schneiden.

3 Den Punsch in ein feuerfestes Glas füllen und mit Karambolescheibe garnieren. Sofort heiß servieren.

KAISERMELANGE

Für 1 Drink:
12,5 cl heißer Kaffee
0,5 cl Weinbrand
1 frisches Eigelb
1 bl Honig
2 bl Zucker
2,5 cl Sahne

1 Den heiß aufgebrühten Kaffee mit dem Weinbrand verrühren und in eine vorgewärmte Tasse füllen.

2 Eigelb mit Honig und Zucker verquirlen und löffelweise auf den Kaffee setzen. Die Sahne mit dem Handrührgerät steif schlagen, 2 EL auf den Kaffee geben und sofort servieren.

Die Kaisermelange stammt aus Österreich und wurde dort während des Ersten Weltkriegs erfunden. Wer lieber alkoholfrei genießen möchte, lässt den Weinbrand einfach weg.

FEUERZANGENBOWLE (ABB. S. 177)

Für 16 Drinks:
2 Zitronen (unbehandelt)
1 Orange (unbehandelt)
3 l trockener Rotwein
6 cl Orangensaft, frisch gepresst
20 cl Cherry Brandy
20 cl Apricot Brandy
4 Zimtstangen
4 Gewürznelken
2 Sternanise
1 Zuckerhut
75 cl jamaikanischer Rum 73 %

PROFI

1 Zitronen und Orange heiß waschen. Von 1 Zitrone mit einem Zestenreißer die Schale dünn in Zesten abziehen. Übrige Zitrone und Orange in Scheiben schneiden. Alles mit Rotwein, Orangensaft und Cherry sowie Apricot Brandy in einen Topf geben.

2 Zimtstangen, Nelken und Sternanise mit in den Topf geben. Das Ganze erhitzen, dabei aber nicht kochen lassen. Den aromatisierten Wein mindestens 6 Stunden bei Raumtemperatur ziehen lassen.

3 Nach der Ziehzeit den Zuckerhut auf eine Feuerzange legen. Das Ganze auf den Topf setzen und den Zuckerhut mit etwas Rum beträufeln. Dann den Zuckerhut anzünden.

4 Bevor die Flamme erlischt, den übrigen Rum in den Punsch gießen. Der Zucker wird flüssig und tropft in die Bowle. Sobald nichts mehr hineintropft, ist die Feuerzangenbowle fertig.

Expertentipp
Bei der Zubereitung dieses wärmenden Klassikers muss nicht nur Zeit und Geduld mitgebracht werden, sondern es ist auch Vorsicht geboten, denn es herrscht Brandgefahr!

Die Feuerzangenbowle gilt als eine der klassischen Punschkreationen schlechthin:

Mit dem Film „Die Feuerzangenbowle", in dem die Schauspielerlegende Heinz Rühmann die Hauptrolle spielte, wurde dieses Heißgetränk Kult.

CUISINE STYLE

JUICY LEMONGRASS

Für 1 Drink:
2,5 cl Limettensaft, frisch gepresst
5 cl Cranberrynektar
5 cl Apfelsaft
1 cl Kirschnektar
1 dash Lemon Bitter
3 cl Lemongrass-Sirup
1 Cocktailkirsche
1 Limettenscheibe (unbehandelt)

PROFI

1 Ein Shakerglas mit Eiswürfeln füllen. Dann den frisch gepressten Limettensaft mit Cranberrynektar, Apfelsaft, Kirschnektar, Lemon Bitter und Lemongrass-Sirup dazugeben.

2 Den Shaker fest verschließen und die Zutaten kräftig shaken. Den Drink durch ein Barsieb in ein Grand-Cru-Glas abstrainen. Danach das Glas mit Crushed Ice auffüllen.

3 Die Cocktailkirsche mit einem kleinen Holzspieß an der Limettenscheibe befestigen. Die Limettenscheibe dekorativ an den Glasrand stecken und Juicy Lemongrass servieren.

Expertentipp
Der Lemongrass-Sirup lässt sich auch selbst herstellen. Wir bereiten ihn gleich in einer größeren Menge vor und machen das so: 300 g Zitronengras mit einem spitzen Messer längs vierteln. Die Stiele mit 700 ml Wasser und 1 kg Zucker in einen Topf geben und erhitzen. Das Ganze ca. 20 Minuten köcheln lassen, dabei immer wieder umrühren. Anschließend den Sud durch ein Sieb gießen und vollständig abkühlen lassen.
Um die Haltbarkeit zu erhöhen, muss der Sirup ohne Deckel abkühlen. Außerdem muss das Gefäß, in das er abgefüllt wird, ganz sauber sein.

LYCHEE BASIL SMASH

Für 1 Drink:
6 cl Litschilikör
2,5 cl Limettensaft, frisch gepresst
2 cl Rohrzuckersirup
5 Basilikumblätter
4 cl Soda
Spitze von 1 Stängel Basilikum

1 Ein Shakerglas mit Eiswürfeln füllen. Dann Litschilikör mit Limettensaft und Rohrzuckersirup dazugeben. Die Basilikumblätter anknicken und ebenfalls zugeben.

2 Den Shaker fest verschließen und alles kräftig shaken. Den Drink durch ein Finestrain-Sieb in ein Double Old Fashioned abstrainen. Das Glas mit Eiswürfeln füllen und mit Soda aufgießen.

3 Die Basilikumspitze in den Drink setzen. Dann Lychee Basil Smash servieren.

Expertentipp
Das Finestrain-Sieb ist besonders bei Profi-Barkeepern beliebt. Es filtert auch sehr feine Eissplitter und Blätter aus den Drinks.
Wem Basilikum im Getränk schmeckt, der hat eine Vielzahl an Möglichkeiten, sich seinen eigenen Cocktail zu kreieren. Wichtig dabei ist, dass die verwendeten Spirituosen den Basilikumgeschmack nicht überlagern. Zucker und Zitronensaft sollten für die ersten Versuche als Basis dienen. Liköre wie etwa Crème de Cacao bringen die besondere Note, sollten dabei aber nur in geringeren Dosierungen verwendet werden, damit der Charakter des Basilikums nicht verloren geht. Frischer und spritziger wird der eigene Cocktail, wenn dann noch Soda zugegeben wird.

FINEST DJ (ABB. S. 193)

Für 1 Drink:
1 Stück frischer Ingwer (ca. 1 cm x 1 cm x 1 cm)
5 cl Vodka
1 bl Zitronensaft
2 bl Puderzucker
3 Gurkenscheiben
1 Prise Pfeffer
7 cl Soda

PROFI

1 Den Ingwer schälen, in ein Shakerglas geben und stößeln. Das Glas mit Eiswürfeln füllen. Dann Vodka mit Zitronensaft, Puderzucker, 2 Gurkenscheiben und Pfeffer dazugeben.

2 Den Shaker fest verschließen und die Zutaten kräftig shaken. Anschließend den Drink durch ein Finestrain-Sieb in ein Double Old Fashioned abstrainen.

3 Das Glas mit Eiswürfeln auffüllen. Die übrige Gurkenscheibe in das Glas geben und dann Finest DJ sofort servieren.

VODKA-THYME-LEMONADE

Für 1 Drink:
½ Limette (unbehandelt)
4 Stängel Zitronenthymian
4 cl Vodka
15 cl Zitronenlimonade

1 Von der Limettenhälfte 2 Scheiben abschneiden, den Rest auspressen. Ein Shakerglas mit Eiswürfeln füllen und den Limettensaft mit 2 Stängeln Thymian und Vodka hineingeben.

2 Den Shaker fest verschließen und alles kräftig shaken. Danach durch ein Barsieb in ein Longdrinkglas abstrainen.

3 Die Limettenscheiben in den Drink geben und den Drink mit Zitronenlimonade aufgießen. Dann Vodka-Thyme-Lemonade servieren.

ROSMARIN MARTINI

Für 1 Drink:
5 cl Vodka
4 cl Zitronensaft, frisch gepresst
3 cl Rosmarinsirup
1 Rosmarinzweig

PROFI

1 Reichlich Eiswürfel in ein Shakerglas geben. Den Vodka mit frisch gepresstem Zitronensaft und Rosmarinsirup dazugeben. Dann den Shaker fest verschließen.

2 Die Zutaten kräftig shaken. Dann den Drink durch ein Barsieb in eine gut gekühlte Martinischale abstrainen.

3 Zum Schluss den Rosmarinzweig dekorativ an den Glasrand setzen. Rosmarin Martini sofort servieren.

Expertentipp
Rosmarinsirup selbst gemacht – so schmeckt der Drink noch besser: Die Nadeln von 7 Zweigen Rosmarin abzupfen und mit 700 ml Wasser und 1 kg Zucker in einen Topf geben. Das Ganze erhitzen und ca. 20 Minuten leise köcheln lassen, dabei immer wieder umrühren. Anschließend durch ein Sieb gießen und vollständig abkühlen lassen.
Der fertige Rosmarinsirup muss ohne Deckel abkühlen und in ein sehr sauberes Gefäß abgefüllt werden. Dies erhöht nämlich die Haltbarkeit.

LEMONGRASS FIZZ (ABB. S. 197)

Für 1 Drink:
5 cl Gin
3 cl Zitronensaft
3 cl Lemongrass-Sirup
1 cl Lime Juice
1 dash Lemon Bitter
5 cl Soda
½ Zitronenscheibe (unbehandelt)
1 Cocktailkirsche

PROFI

1 Ein Shakerglas mit Eiswürfeln füllen. Gin, Zitronensaft, Lemongrass-Sirup, Lime Juice und Lemon Bitter zugeben. Den Shaker fest verschließen und alles kräftig shaken.

2 Den Drink durch ein Barsieb in ein Longdrinkglas abstrainen. Das Glas mit Eiswürfeln füllen und mit Soda aufgießen.

3 Die halbierte Zitronenscheibe an den Glasrand stecken und die Cocktailkirsche in den Drink geben. Lemongrass Fizz servieren.

Enchilada PURO MÉXICO

Expertentipp
Für den Lemongrass Fizz empfehlen wir Tanqueray Gin, denn die Zitronen- und Orangenaromen dieses Gins harmonieren sehr gut mit dem Zitronengras.
Ein sehr leckeres Rezept für selbst gemachten Lemongrass-Sirup findet sich auf Seite 188.

GINGER FRESH

Für 1 Drink:
1 Stück frischer Ingwer (ca. 1 cm x 1 cm x 1 cm)
2 cl Vodka
2 cl Calvados
2 cl Zitronensaft, frisch gepresst
5 cl Apfelsaft
3 bl Honig
8 cl Ginger Ale

1 Ingwer schälen und in Scheiben schneiden, dabei 1 Scheibe beiseitelegen. Ein Shakerglas mit Eiswürfeln füllen und Ingwerscheiben dazugeben.

2 Vodka mit Calvados und Zitronensaft in den Shaker geben. Apfelsaft und Honig ebenfalls dazugeben und den Shaker fest verschließen.

3 Die Zutaten sehr kräftig shaken, damit sich der Honig löst. Anschließend durch ein Barsieb in ein Longdrinkglas abstrainen.

4 Den Drink mit Ginger Ale aufgießen. Die beiseitegelegte Ingwerscheibe in den Drink geben und dann Ginger Fresh servieren.

FRUITY GINGER (ABB. S. 199)

Für 1 Drink:
1 Stück frischer Ingwer (ca. 2 cm x 1 cm x 1 cm)
5 cl Vodka
1 cl Zitronensaft
2 cl Mangosirup
4 cl Maracujanektar
5 cl Soda
1 Orangenzeste (unbehandelt)

1 Den frischen Ingwer schälen und in ein Shakerglas geben, dann stößeln. Danach das Glas mit Eiswürfeln füllen.

2 Vodka, Zitronensaft, Mangosirup und Maracujanektar mit in den Shaker geben. Den Shaker fest verschließen und das Ganze kräftig shaken.

3 Den Drink durch ein Finestrain-Sieb in ein Double Old Fashioned abstrainen. Das Glas mit Eiswürfeln füllen und mit Soda aufgießen.

4 Die Orangenzeste über dem Drink abspritzen, also zwischen die Daumen und Zeigefinger nehmen und leicht „auswringen". Die Zeste dann in das Glas geben. Fruity Ginger servieren.

JOHANNISBEER-BASELITO

Für 1 Drink:
6 Basilikumblätter
3 bl brauner Zucker
1 cl Soda
1 EL Johannisbeeren
2 cl Zitronensaft, frisch gepresst
4 cl Rum
1 Basilikumstängel

1 Die Basilikumblätter mit braunem Zucker und Soda in einen Tumbler geben. Mit einem Stößel leicht andrücken. Johannisbeeren zugeben und nochmals stößeln.

2 Das Glas zu ca. zwei Dritteln mit Crushed Ice füllen. Frisch gepressten Zitronensaft mit Rum zugeben und alles umrühren.

3 Den Basilikumstängel dekorativ in den Drink setzen. Dann Johannisbeer-Baselito servieren.

BASILFLOWER

Für 1 Drink:
4 Basilikumblätter
3 Gurkenscheiben
4 cl Gin
4 cl Apfelsaft
2 cl Holunderblütensirup
1 Gurkenscheibe und Basilikumblätter zum Dekorieren

1 Die Basilikumblätter anknicken. Die Blätter dann zusammen mit den Gurkenscheiben in einen Tumbler mit 35 cl Füllmenge geben.

2 Den Gin mit Apfelsaft und Holunderblütensirup zu Basilikum und Gurke in das Glas geben. Dann das Ganze mit Crushed Ice auffüllen. Den Drink mit einem Löffel durchrühren.

3 Die übrige Gurkenscheibe halb einschneiden und dann mit den Basilikumblättern dekorativ auf den Glasrand setzen. Anschließend den Basilflower sofort servieren.

Dieser Cocktail ist mit seiner herb-süßen Mischung und dem feinen harmonischen Aroma eine perfekte Erfrischung, und das nicht nur für die warme Jahreszeit.

SUMMER-COOL

Für 1 Drink:
1 Stück Salatgurke
2 Apfelspalten
3 cl Pimms
1 Stängel Pfefferminze
17 cl Zitronenlimonade

1 Die Salatgurke schälen, entkernen und in kleine Stückchen schneiden. Danach die Apfelspalten entkernen und in kleine Würfel schneiden.

2 Pimms in ein Longdrinkglas gießen. Dann ca. 4 Eiswürfel dazugeben.

3 Apfel- und Gurkenstückchen mit abgezupften Pfefferminzblättchen hinzugeben. Dann mit eisgekühlter Limonade auffüllen und sofort servieren.

PINK PEARL

Für 1 Drink:
4 cl Vodka
4 cl Tomatensaft
1 Prise Cayennepfeffer
1 rote Thai-Chilischote
1 dash Soda
1 Cocktailkirsche

1 Ein Shakerglas mit Eiswürfeln füllen. Vodka, Tomatensaft, Cayennepfeffer und Chilischote dazugeben.

2 Den Shaker fest verschließen und alles kräftig shaken. Danach durch ein Barsieb in eine gut gekühlte Martinischale abstrainen.

3 Soda auf den Drink geben. Die Cocktailkirsche an den Glasrand setzen und Pink Pearl servieren.

Wenn man die Chilischote leicht einritzt, erhält der Cocktail eine noch pikantere Note.

SPRITZIGES

APEROL SPRITZ (ABB. S. 205 VORN)

Für 1 Drink:
2 cl Aperol
9 cl Prosecco Spumante
9 cl Soda
½ Orangenscheibe (unbehandelt)

1 Aperol, Prosecco und Soda in ein Rotweinglas gießen. Einige Eiswürfel dazugeben.

2 Die halbierte Orangenscheibe in den Drink geben. Danach den Aperol Spritz rasch servieren.

APEROL VENETO SPRITZ (ABB. S. 205 HINTEN)

Für 1 Drink:
2 cl Aperol
9 cl Weißwein
9 cl Soda
½ Orangenscheibe (unbehandelt)

1 Den Aperol mit Weißwein und Soda in ein Rotweinglas geben. Einige Eiswürfel mit in das Glas geben.

2 Die halbierte Orangenscheibe in den Drink geben. Danach Aperol Veneto Spritz sofort servieren.

Die Geschichte und Entstehung von aromatisiertem oder auch „gestrecktem" Wein ist eine lange:

Schon im Römischen Reich wurde Wein mit Wasser verdünnt. Damals sollte so das Wasser trinkbar gemacht werden; später wurde damit bezweckt, Wein schon mittags guten Gewissens trinken zu können.
Als man begann, hierfür kohlensäurehaltiges Wasser zu verwenden, kam eine deutlich erfrischendere Note dazu. Aus dieser Schorle entstand der Aperol Spritz. Heute versteht man unter diesem Namen aber die Variante mit Prosecco. Die Version mit Weinschorle kennt man heute als Aperol Veneto Spritz.

HUGO

Für 1 Drink:
3 Stängel Minze
2 cl Holunderblütensirup
12 cl Prosecco Spumante
6 cl Soda

1 Minze in eine Hand nehmen und mit der anderen anklatschen. Dann die Minzstängel in ein Rotweinglas geben.

2 Holunderblütensirup mit Prosecco und Soda in das Glas gießen. Einige Eiswürfel in das Glas geben und dann Hugo servieren.

Dieser Drink wurde wohl 2005 in Südtirol entwickelt. Heute gibt es ihn auch mit Weinschorle oder sogar in Versionen mit Holunderblütenlikör, Grapefruitlikör oder mit etwas Saft. Es wird unter dem Motto gemixt: Gut ist, was schmeckt.
Dieser sommerliche Drink hat den Trend zu Wein-Mixgetränken noch verstärkt. Inzwischen sind die verschiedensten Kreationen mit Wein beliebt und gelten als trendy.

TOCCO ROSSO (ABB. S. 209)

Für 1 Drink:
3 Stängel Minze
3 cl Campari
3 cl Holunderblütensirup
14 cl Prosecco Spumante

1 Die Minzstängel in eine Hand nehmen und mit der anderen Hand anklatschen. Dann in ein Rotweinglas geben.

2 Campari mit Holunderblütensirup und Prosecco in das Glas gießen. Einige Eiswürfel dazugeben und Tocco Rosso servieren.

Expertentipp
Durch das Anklatschen der Minze aromatisiert sie den Drink besonders gut.

PINK LILLET

Für 1 Drink:
6 cl Lillet Rosé
14 cl Pink Grapefruit Limonade
1 Zitronenzeste (unbehandelt)

1 Lillet mit der Pink Grapefruit Limonade in ein Rotweinglas gießen. Einige Eiswürfel dazugeben.

2 Die Zitronenzeste über dem Drink abspritzen, also jeweils zwischen Daumen und Zeigefinger nehmen und leicht „auswringen". Die Zeste anschließend dekorativ in das Weinglas setzen und Pink Lillet sofort servieren.

LILLET WILD BERRY (ABB. S. 203)

Für 1 Drink:
6 cl Lillet blanc
14 cl Russian Wild Berry Limonade
10 Himbeeren

1 Lillet mit der Limonade in ein Rotweinglas gießen. Einige Eiswürfel dazugeben.

2 Himbeeren putzen und vorsichtig waschen. Dann dazugeben und Lillet Wildberry servieren.

Expertentipp
Sehr gut schmeckt dieser Drink auch, wenn man zusätzlich zu den Himbeeren ein Orangenviertel hineingibt. Auch tiefgekühlte Waldfrüchte passen super hinein, denn sie kühlen das Glas auch gleich.

KIR ROYAL

Für 1 Drink:
1 cl Crème de Cassis
9 cl trockener Champagner
1 Rispe Johannisbeeren

1 Crème de Cassis in ein Sektglas geben. Dann das Ganze mit dem gut gekühlten Champagner aufgießen.

2 Die Johannisbeerrispe an den Glasrand setzen. Kir Royal servieren.

Dieser Klassiker galt in den 1980er-Jahren als Getränk unter Szenegängern. Nicht zuletzt deshalb wurde die gleichnamige Fernsehserie so benannt. Der Drink geht auf den Kir zurück, der in Frankreich ursprünglich mit Weißwein (und damit auch entsprechend in Weißweingläsern) gemixt wurde.

SHOTS

B52 (ABB. S. 213)

Für 1 Drink:
2 cl Kahlúa
2 cl Baileys
1 cl jamaikanischer Rum 73 %

PROFI

1 Zuerst Kahlúa in ein Shot-Glas gießen. Dann vorsichtig, am besten mithilfe eines Barlöffels, Baileys so daraufgeben, dass er sich mit der unteren Schicht nicht vermischt.

2 Zum Schluss den Rum als oberste Schicht auf den Baileys layern; dazu so vorgehen wie beim Baileys. Danach den Drink anzünden und B52 mit einem Strohhalm servieren.

Expertentipp
Der Shot muss sofort mit dem Strohhalm getrunken werden, damit dieser nicht schmilzt!

Bei diesem Drink ist Vorsicht geboten, es besteht Brandgefahr! Wir trinken ihn brennend mit einem langen Strohhalm, so werden die Haare nicht verbrannt.

APFELSTRUDEL

Für 1 Drink:
2 cl Malibu
2 cl Apfelsaft
1 Prise Zimt

1 Malibu in ein gut gekühltes Shot-Glas gießen. Dann den Apfelsaft dazugeben.

2 Den Shot mit 1 Prise Zimt bestäuben. Dann den Apfelstrudel servieren.

LIMEBERRY (ABB. S. 215)

Für 1 Drink:
2 cl Vodka
2 cl Lime Juice
2 cl Erdbeermus

PROFI

1 Ein Shakerglas mit Eiswürfeln füllen. Vodka, Lime Juice und Erdbeermus dazugeben.

2 Den Shaker fest verschließen und das Ganze kräftig shaken. Anschließend den Drink durch ein Barsieb in ein vorgekühltes Rialto-Glas abstrainen und Limeberry servieren.

Expertentipp
Das für diesen Shot benötigte Erdbeermus kann man auch selbst machen. Ein leckeres Rezept findet sich auf Seite 80.

TEQUILA SLAMER

Für 1 Drink:
3 cl Tequila
3 cl Prosecco Spumante

1 Tequila mit Prosecco in ein gekühltes Rialto-Glas gießen. Dann einen Bierdeckel darauflegen.

2 Dann schlägt man den Shot mit dem Boden fest auf den Tisch und hält dabei den Bierdeckel fest. Tequila Slamer sofort in einem Zug trinken.

Expertentipp
Hier ist Vorsicht geboten, denn der Shot schäumt stark, wenn man ihn auf den Tisch schlägt. Am besten immer eine Unterlage verwenden, um den Tisch dabei nicht zu beschädigen.

FLUGHAFEN (ABB. S. 217)

Für 1 Drink:
2 cl Licor 43 (Gewürzlikör)
2 cl Espresso
1 cl Sahne

PROFI

1 Zuerst den Licor 43 in ein Shot-Glas geben. Anschließend mit einem Barlöffel vorsichtig den Espresso darauflayern.

2 Die Sahne steif schlagen. Diese dann als Letztes mit dem Barlöffel auf die Espressoschicht setzen. Flughafen servieren.

Die Sahne sollte unbedingt geschlagen werden, damit Sie sich nicht mit dem Espresso vermengt. Sie kann entweder mit einem Schneebesen oder einem Quirl gerührt werden. Oder man gibt sie mit 1 Eiswürfel in den Shaker, shakt kräftig und straint sie anschließend ab. Alternativ gibt man die Sahne mit der Spirale des Barsiebs in den Shaker und shakt kurz, aber kräftig.

B53

Für 1 Drink:
2 cl Kahlúa
2 cl Baileys
1 cl Vodka

PROFI

1 Kahlúa in ein Shot-Glas geben. Danach mithilfe eines Barlöffels vorsichtig den Baileys darauflayern; die beiden Schichten sollen sich nicht vermischen.

2 Zum Schluss als oberste Schicht den Vodka auf den Drink layern. Dann den B53 servieren.

HIMBEERLIMES

Für 5 Flaschen à ca. 250 ml:
500 g Himbeeren
225 g brauner Zucker
125 cl Limettensaft, frisch gepresst
10 cl Himbeergeist
30 cl Vodka

1 5 Flaschen mit Bügelverschluss gründlich mit heißem Wasser und etwas Spülmittel reinigen. Gut trocknen lassen.

2 Die Himbeeren bei Bedarf vorsichtig abbrausen und gut abtropfen lassen. Himbeeren verlesen und in eine Rührschüssel geben.

3 Braunen Zucker und Limettensaft zu den Himbeeren geben. Dann das Ganze mit einem Stabmixer fein pürieren. Der Zucker sollte danach vollständig aufgelöst sein.

4 Die Früchte mit Himbeergeist und Vodka vermengen. Den Himbeerlimes in die vorbereiteten Flaschen füllen. Den Himbeerlimes gut gekühlt, gerne auch im Gefrierschrank, lagern. Die Flaschen vor dem Servieren kräftig schütteln.

Im Gefrierfach aufbewahrt ist der Limes mindestens 6 Monate haltbar. Er sollte dann einige Minuten vor dem Servieren entnommen werden. Verzieren Sie die Flaschen mit farblich passenden, sommerlichen Etiketten, auf denen neben der genauen Bezeichnung des Inhalts auch das Herstellungsdatum vermerkt ist. So eignet sich der Drink auch als nettes Gastgeschenk für die nächste Partyeinladung.
Limes schmeckt nicht nur mit Himbeeren lecker. Auch mit Erdbeeren oder Mango lässt er sich toll zubereiten. Dann aber den Himbeergeist am besten durch die gleiche Menge Vodka ersetzen. Gibt man 5 cl Red Bull zu, gibt der Himbeerlimes einen wahren Energie- und Powerschub.

ALKOHOLFREI & SMOOTHIES

CALA SERENA (ABB. S. 221)

Für 1 Drink:
2 cl Kokos-Fruchtsirup
2 cl Sahne
7 cl Ananassaft
7 cl Orangensaft
7 cl Maracujanektar
1 Cocktailkirsche
¼ Ananasscheibe

1 Ein Shakerglas mit Eis füllen. Den Kokos-Fruchtsirup mit Sahne, Ananas- und Orangensaft dazugeben. Danach den Shaker fest verschließen und die Zutaten kräftig shaken.

2 Den Drink durch ein Barsieb in ein Jumbo-Glas abstrainen. Crushed Ice dazugeben und das Ganze mit Maracujanektar auffüllen.

3 Die Cocktailkirsche mit einem kleinen Holzstäbchen an der Ananasscheibe befestigen. An den Glasrand stecken und Cala Serena servieren.

COCONUT ROSE

Für 1 Drink:
2 cl Kokos-Fruchtsirup
2 cl Sahne
7 cl Kirschnektar
7 cl Orangensaft
1 Cocktailkirsche
½ Orangenscheibe (unbehandelt)

1 Ein Shakerglas mit Eiswürfeln füllen. Den Kokos-Fruchtsirup mit Sahne, Kirschnektar und Orangensaft dazugeben. Den Shaker fest verschließen und das Ganze kräftig shaken.

2 Den Drink durch ein Barsieb in ein Grand-Cru-Glas abstrainen. Dann das Glas mit Crushed Ice auffüllen.

3 Die Cocktailkirsche mit einem kleinen Holzspieß an der Orangenscheibe befestigen. Die Orange an den Glasrand stecken und Coconut Rose servieren.

FRESH GARDEN (ABB. S. 223)

Für 1 Drink:
½ Limette (unbehandelt)
3 Stängel Minze
4 cl Maracujanektar
4 cl Ananassaft
1 cl Zuckersirup
1 cl Lime Juice
1 splash Soda

1 Die Limettenhälfte nochmals vierteln und die Stücke in einen Tumbler mit 35 cl Füllmenge geben. Limettenstücke stößeln.

2 Minze in eine Hand nehmen und mit der anderen anklatschen. Dann zur Limette ins Glas geben. Maracujanektar mit Ananassaft, Zuckersirup und Lime Juice ebenfalls ins Glas geben.

3 Das Ganze mit Crushed Ice auffüllen. Mit einem Löffel umrühren. Soda auf den Drink geben und dann Fresh Garden servieren.

Unter „splash" versteht man in der Fachsprache einen großen Spritzer von ca. 2 cl.

VIRGIN STRAWBERRY COLADA

Für 1 Drink:
2 cl Kokos-Fruchtsirup
2 cl Sahne
4 cl Erdbeermus
10 cl Ananassaft
1 Cocktailkirsche
¼ Ananasscheibe

1 Ein Shakerglas mit Eiswürfeln füllen. Dann Kokos-Fruchtsirup, Sahne, Erdbeermus und Ananassaft dazugeben. Den Shaker fest verschließen.

2 Die Zutaten kräftig shaken und dann durch ein Barsieb in ein Grand-Cru-Glas abstrainen. Das Glas mit Crushed Ice auffüllen.

3 Die Cocktailkirsche mit einem kleinen Holzspieß an der Ananas befestigen. Die Ananasscheibe an den Glasrand stecken und Virgin Strawberry Colada servieren.

COCONUT KISS (ABB. S. 225)

Für 1 Drink:
14 cl Ananassaft
2 cl Sahne
2 cl Kokos-Fruchtsirup
1 cl Grenadinesirup
1 Cocktailkirsche
¼ Ananasscheibe

PROFI

1 Ein Shakerglas mit Eis füllen. Ananassaft, Sahne und Kokossirup hineingeben. Den Shaker fest verschließen und alles kräftig shaken.

2 Den Drink durch ein Barsieb in ein Grand-Cru-Glas abstrainen. Das Glas mit Crushed Ice auffüllen.

3 Grenadinesirup mithilfe eines Barlöffels vorsichtig auf den Drink layern. Die Cocktailkirsche mit einem kleinen Holzstäbchen an die Ananasscheibe stecken und das Ganze auf den Glasrand setzen. Coconut Kiss servieren.

Der Coconut Kiss ist auch unter dem Namen Virgin Colada bekannt.
Nach Geschmack kann für den Farbverlauf auch Kirschsirup anstelle von Grenadinesirup verwendet werden.

EISSCHOKOLADE

Für 1 Drink:
20 cl Milch
6 bl Kakao
2 Kugeln Vanille- oder Schokoladeneis

1 Die kalte Milch in ein Rührglas geben. Den Kakao dazugeben und das Ganze glatt rühren.

2 Die Eiskugeln in einen Tumbler mit 31 cl Füllmenge geben. Den Kakao darübergießen und Eisschokolade servieren.

A&M (ABB. S. 227)

Für 1 Drink:
2 cl Mangosirup
1 cl Mandelsirup
2 cl Zitronensaft
8 cl Apfelsaft
8 cl Maracujanektar
1 Cocktailkirsche
½ Zitronenscheibe (unbehandelt)

1 Ein Shakerglas mit Eis füllen. Mango- und Mandelsirup, Zitronen- und Apfelsaft sowie Maracujanektar dazugeben.

2 Den Shaker fest verschließen und die Zutaten kräftig shaken. Danach den Drink durch ein Barsieb in ein Grand-Cru-Glas abstrainen. Das Glas mit Crushed Ice auffüllen.

3 Die Cocktailkirsche mit einem kleinen Holzspießchen an der Zitronenscheibe befestigen. Die Zitronenscheibe dekorativ an den Glasrand stecken und A&M dann sofort servieren.

EISKAFFEE

Für 1 Drink:
2 Kugeln Vanille- oder Schokoladeneis
20 cl kalter Kaffee

1 Nach Geschmack Vanille- oder Schokoladeneis in einen Tumbler mit 31 cl Füllmenge geben. Den kalten Kaffee über das Eis gießen. Anschließend den Eiskaffee sofort servieren.

FRESH SUMMER (ABB. S. 229)

Für 1 Drink:
1 Limette (unbehandelt)
6 cl Apfelsaft
4 cl Maracujasaft
18 cl Ginger Ale

1 Die Limette in Achtel schneiden. Limettenstücke in ein Jumbo-Glas geben und stößeln. Anschließend Limetten mit dem Löffel vom Glasboden lösen, damit sie im Glas schwimmen und nicht am Boden kleben.

2 Apfel- und Maracujasaft mit Ginger Ale in das Glas geben. Mit Eiswürfeln auffüllen und Fresh Summer servieren.

Dieses Getränk ist die perfekte Sommererfrischung – fruchtig mit einer leicht herben Note!

ORANGE VELVET

Für 1 Drink:
2 cl Sahne
2 cl Mandelsirup
7 cl Ananassaft
7 cl Orangensaft
1 Cocktailkirsche
½ Orangenscheibe (unbehandelt)

1 Ein Shakerglas mit Eiswürfeln füllen. Sahne mit Mandelsirup, Ananas- und Orangensaft dazugeben.

2 Den Shaker fest verschließen und die Zutaten kräftig shaken. Durch ein Barsieb in ein Grand-Cru-Glas abstrainen. Das Glas mit Crushed Ice auffüllen.

3 Die Cocktailkirsche mit einem kleinen Holzspieß an der Orangenscheibe feststecken. An den Glasrand setzen und dann Orange Velvet servieren.

CLOUD 4 ½ (ABB. S. 231)

Für 1 Drink:
1 cl Blue Curaçao
1 cl Kokos-Fruchtsirup
1 cl Bananensirup
4 cl Zitronensaft
6 cl Orangensaft
6 cl Ananassaft
1 Cocktailkirsche
½ Zitronenscheibe (unbehandelt)

1 Ein Shakerglas mit Eis füllen. Blue Curaçao, Kokossirup, Bananensirup, Zitronen-, Orangen- und Ananassaft dazugeben.

2 Den Shaker fest verschließen. Die Zutaten kräftig shaken und danach durch ein Barsieb in ein Grand-Cru-Glas abstrainen.

3 Den Drink mit Eiswürfeln auffüllen. Die Cocktailkirsche mit einem kleinen Holzstab an der Zitronenscheibe feststecken und das Ganze an den Glasrand setzen. Cloud 4½ servieren.

FRUTIFERO

Für 1 Drink:
1 cl Erdbeersirup
1 cl Mangosirup
1 cl Bananensirup
3 cl Zitronensaft
12 cl Apfelsaft
1 Cocktailkirsche
½ Zitronenscheibe (unbehandelt)

1 Ein Shakerglas mit Eiswürfeln füllen. Erdbeer-, Mango- und Bananensirup mit Zitronensaft und Apfelsaft dazugeben. Den Shaker fest verschließen.

2 Die Zutaten kräftig shaken und dann durch ein Barsieb in ein Grand-Cru-Glas abstrainen. Das Glas mit Crushed Ice auffüllen.

3 Die Cocktailkirsche mit einem kleinen Holzspieß an der Zitrone befestigen. Die Zitronenscheibe dekorativ an den Glasrand setzen und Frutifero servieren.

SAFE DRIVE HOME (ABB. S. 233)

Für 1 Drink:
3 cl Zitronensaft
2 cl Lime Juice
6 cl Orangensaft
6 cl Ananassaft
1 bl Grenadinesirup
1 Cocktailkirsche
½ Orangenscheibe (unbehandelt)

1 Ein Shakerglas mit Eiswürfeln füllen. Zitronensaft, Lime Juice, Orangen- und Ananassaft mit Grenadinesirup hineingeben. Shaker fest verschließen.

2 Die Zutaten kräftig shaken. Anschließend durch ein Barsieb in ein Grand-Cru-Glas abstrainen.

3 Den Drink mit Eiswürfeln auffüllen. Die Cocktailkirsche mit einem kleinen Holzspieß an der Orangenscheibe befestigen. Das Ganze an den Glasrand stecken und Safe Drive Home servieren.

Dieser leckere alkoholfreie Drink ist sehr erfrischend, denn er ist fruchtig, ohne zu süß zu sein.

HOMEMADE LEMONADE

Für 1 Drink:
4 cl Zitronensaft
2,5 cl Zuckersirup
10 cl Soda
10 cl Leitungswasser
1 Zitronenscheibe (unbehandelt)

1 Den Zitronensaft mit dem Zuckersirup in ein Trinkglas mit 40 cl Füllmenge geben. Ein paar Eiswürfel hinzufügen. Dann das Ganze mit Soda und mit Leitungswasser aufgießen.

2 Die Zitronenscheibe halbieren und beide Hälften in den Drink geben. Homemade Lemonade servieren.

VIRGIN STRAWBERRY MARGARITA (ABB. S. 235)

Für 1 Drink:
9 Erdbeeren
6 cl Lime Juice
4 cl Lemon Juice
1 bl Erdbeersirup
1 Limettenzwölftel (unbehandelt)

PROFI

1 Die Erdbeeren putzen. Mit Lime und Lemon Juice sowie dem Erdbeersirup in den Blender bzw. den Mixer geben.

2 Den Blender fest verschließen. Dann die Zutaten blenden, bis der Drink eine glatte Konsistenz hat. Anschließend in einen gut gekühlten Tumbler abgießen.

3 Das Limettenstück in den Drink geben. Dann Virgin Strawberry Margarita servieren.

Expertentipp
Jede Margarita lässt sich auch alkoholfrei mixen. Dafür muss dann die entsprechende Menge Alkohol durch Lime und Lemon Juice ersetzt werden. Dabei sollte aber immer mehr Lime als Lemon Juice verwendet werden. Nach Geschmack muss dann die Sirupmenge leicht erhöht werden.

Mit dem Zusatz „Virgin" werden in der Cocktailsprache gerne alkoholfreie Drinks bezeichnet, von denen es auch alkoholische Varianten gibt.

SPRING FEVER (ABB. S. 237)

Für 1 Drink:
2 cl Zitronensaft
2 cl Mangosirup
4 cl Ananassaft
4 cl Maracujanektar
4 cl Johannisbeernektar
10 cl Orangensaft
1 Cocktailkirsche
½ Orangenscheibe (unbehandelt)

PROFI

1 Zitronensaft und Mangosirup in ein Jumbo-Glas gießen. Anschließend mit Ananassaft und Maracujanektar auffüllen.

2 Crushed Ice in das Glas geben. Vorsichtig Johannisbeernektar daraufgießen. Zum Schluss den Orangensaft mithilfe eines Barlöffels auf den Drink layern.

3 Die Cocktailkirsche mit einem Holzspießchen an der Orangenscheibe befestigen. Auf den Glasrand stecken und Spring Fever servieren.

SCHOKOSHAKE

Für 1 Drink:
7 cl Milch
4 bl Nuss-Nugat-Creme
1 Kugel Schokoladeneis
3,5 cl Sahne
Schokoraspel

1 Milch, Nuss-Nugat-Creme und Schokoladeneis in den Blender geben und kurz auf höchster Stufe zu einer cremigen Masse aufschlagen. Sahne steif schlagen.

2 Den Shake in ein Longdrinkglas füllen. Schlagsahne in einen Spritzbeutel geben und eine Haube auf den Shake spritzen. Mit Schokoraspeln bestreuen und mit Strohhalm servieren.

STRAWBERRY CREAM (ABB. S. 239)

Für 1 Drink:
1 TK-Erdbeere
½ Ananasscheibe
6 bl Joghurt
6 cl Erdbeermus
2 cl Vanillesirup
4 cl Maracujasaft

1 Die gefrorene Erdbeere für die Dekoration antauen lassen. Die Ananasscheibe schälen und in den Blender geben.

2 Joghurt, Erdbeermus und Vanillesirup mit Maracujasaft zur Ananas geben. Alle Zutaten mit Crushed Ice blenden, bis der Drink eine klümpchenfreie Konsistenz hat.

3 Den Drink in ein gekühltes Grand-Cru-Glas abgießen. Die angetaute Erdbeere auf den Glasrand stecken und Strawberry Cream servieren.

Expertentipp
Erdbeermus schmeckt selbst gemacht besonders lecker. Ein tolles Rezept dafür findet sich auf Seite 80.

GREEN DREAM

Für 1 Drink:
2 cl Mandelsirup
4 cl Orangensaft
2 cl Zitronensaft
10 cl Apfelsaft naturtrüb
1 cl Blue-Curaçao-Sirup
1 Stängel Minze

1 Einen Shaker mit Eiswürfeln füllen. Mandelsirup mit Orangen- und Zitronensaft dazugeben. Den Shaker fest verschließen und alles kräftig shaken.

2 Ein Longdrinkglas ca. ein Viertel hoch mit Crushed Ice füllen. Den Saftmix in das Glas abstrainen und das Ganze mit Apfelsaft aufgießen.

3 Den Blue-Curaçao-Sirup langsam in einem dünnen Strahl am Glasrand entlang in den Drink laufen lassen. Minzstängel hineinstecken und Green Dream servieren.

FRESH & FRUITY (ABB. S. 241)

Für 1 Drink:
¼ Apfel
6 bl Papayastücke
2 cl Lime Juice
2 cl Vanillesirup
4 cl Maracujanektar
4 cl Orangensaft
1 Cocktailkirsche
½ Orangenscheibe (unbehandelt)

1 Apfel vom Kerngehäuse befreien. Mit Papayastücken, Lime Juice, Vanillesirup, Maracujanektar und Orangensaft in den Blender geben.

2 Alle Zutaten mit Crushed Ice blenden, bis sie eine glatte Konsistenz haben. In ein gekühltes Grand-Cru-Glas abgießen.

3 Die Cocktailkirsche mit einem kleinen Holzspieß an der Orangenscheibe feststecken. Das Ganze an den Glasrand setzen und Fresh & Fruity servieren.

SUNBURST

Für 1 Drink:
¼ Apfel
½ Möhre
½ Mango
2 Erdbeeren
17 cl Orangensaft

1 Apfel schälen, vom Kerngehäuse befreien und das Fruchtfleisch klein schneiden. Möhre putzen, schälen und ebenfalls klein schneiden.

2 Mango schälen, den Stein entfernen und das Fruchtfleisch in Stücke schneiden. Erdbeeren putzen, waschen und in Scheiben schneiden.

3 Apfel, Möhre und Mango in den Mixer geben und pürieren. Das Mus in einen großen Tumbler geben, etwas Crushed Ice dazugeben und umrühren.

4 Die Erdbeerscheiben in das Glas geben. Mit Orangensaft aufgießen und dann Sunburst servieren.

PEACH FLOWER (ABB. S. 243)

Für 1 Drink:
6 bl Joghurt
3 cl Pfirsichsirup
1 cl Lime Juice
5 cl Pfirsichnektar
5 cl Maracujasaft
1 Limettenscheibe (unbehandelt)
1 Cocktailkirsche

1 Ein Shakerglas mit Eiswürfeln füllen. Joghurt mit Pfirsichsirup, Lime Juice, Pfirsichnektar und Maracujasaft hineingeben.

2 Den Shaker fest verschließen und alles kräftig shaken. Den Drink durch ein Barsieb in ein Grand-Cru-Glas abstrainen.

3 Das Glas mit Crushed Ice auffüllen. Die Limettenscheibe an den Glasrand stecken und die Cocktailkirsche in den Drink geben. Anschließend Peach Flower servieren.

BOSKOPBRAUSE

Für 1 Drink:
12,5 cl Apfelsaft
7,5 cl Birnensaft
2 cl Honig
Schale von ½ Zitrone (unbehandelt)
7 cl Soda

1 Apfel- und Birnensaft verrühren. Die Hälfte erwärmen und den Honig darin auflösen. Zitronenschale dazugeben und 5 Minuten ziehen lassen, dabei abkühlen lassen.

2 Ein Shakerglas mit Eiswürfeln füllen und beide Saftmixe dazugeben. Den Shaker fest verschließen und die Zutaten kräftig shaken.

3 Einige Eiswürfel in einen großen Tumbler geben. Den Saft durch ein Barsieb in das Glas abstrainen. Den Drink mit Soda aufgießen und dann die Boskopbrause servieren.

CHERRY SMOOTHIE (ABB. S. 245)

Für 1 Drink:
½ Apfel
6 bl TK-Sauerkirschen
6 bl Joghurt
2 cl Vanillesirup
6 cl Kirschnektar
1 Cocktailkirsche

1 Apfel vom Kerngehäuse befreien und grob klein schneiden. Mit den gefrorenen Kirschen, Joghurt, Vanillesirup und Kirschnektar in den Blender geben.

2 Die Zutaten mit Crushed Ice blenden, bis das Ganze eine cremig-glatte Konsistenz hat. Den Drink in ein gekühltes Grand-Cru-Glas abgießen.

3 Die Cocktailkirsche in den Drink geben. Dann Cherry Smoothie servieren.

Durch die tiefgekühlten Beeren erhält dieser Smoothie eine angenehm erfrischende Kühle.

POWERMIX

Für 1 Drink:
1 cl Zitronensaft
10 cl Tomatensaft
4 cl Grapefruitsaft
Selleriesalz
Pfeffer
1 dash Worcestershire Sauce
5 cl Soda
1 Selleriestange

1 Zitronen-, Tomaten- und Grapefruitsaft in ein Rührglas geben und gut verrühren. Mit Selleriesalz, Pfeffer und Worcestershire Sauce würzen.

2 Einige Eiswürfel in ein Longdrinkglas geben. Dann den Drink in das Glas gießen und das Ganze mit Soda aufgießen.

3 Etwas Pfeffer auf den Drink streuen. Die Selleriestange in das Glas geben und dann den Powermix servieren.

CALIFORNIA SMOOTHIE (ABB. S. 247)

Für 1 Drink:
½ Banane
½ Pfirsich (Dose)
6 bl Joghurt
4 cl Vanillesirup
2 cl Orangensaft
2 cl Maracujanektar
2 cl Ananassaft
1 Cocktailkirsche
½ Orangenscheibe
(unbehandelt)

1 Banane und Pfirsich grob klein schneiden. Beides mit dem Joghurt in den Blender geben. Vanillesirup, Orangensaft, Maracujanektar und Ananassaft dazugeben.

2 Die Zutaten mit Crushed Ice blenden, bis alles eine cremige Konsistenz hat. Den Smoothie in ein gekühltes Grand-Cru-Glas abgießen.

3 Die Cocktailkirsche mit einem Holzstäbchen an der Orangenscheibe befestigen und das Ganze am Glasrand befestigen. California Smoothie servieren.

Als Smoothie bezeichnet man Drinks, die auf Obst- bzw. Gemüsebasis hergestellt werden. Ihnen können dann noch Milchprodukte zugegeben werden. Achten Sie beim Blenden darauf, dass der Mixer nicht zu voll gemacht wird, da sonst handelsübliche Geräte schnell überfordert sind.

RED MELON

Für 1 Drink:
¼ Honigmelone
3 cl Grenadinesirup
15 cl Orangensaft
je 1 Limetten- und
Orangenzeste
(unbehandelt)

1 Honigmelone entkernen, schälen und das Fruchtfleisch in kleine Würfel schneiden. Mit 1 cl Grenadinesirup begießen, sodass sich die Melone leicht rötlich verfärbt. Honigmelone in einen Gefrierbeutel geben und für ca. 30 Minuten ins Gefrierfach legen.

2 Gefrorene Fruchtstücke in ein gekühltes Longdrinkglas geben und den Orangensaft angießen. Dann den übrigen Grenadinesirup in einem dünnen Strahl am Glasrand in den Drink laufen lassen.

3 Limetten- und Orangenzeste dekorativ in den Drink setzen, sodass sie am Glasrand sitzen. Dann Red Melon servieren.

WELLINGTON CREAM (ABB. S. 249)

Für 1 Drink:
2 Kiwis
2 cl Milch
2 cl Sahne
3 cl Agavensirup
6 cl Cranberrynektar
1 Kiwischeibe

1 Die Kiwis schälen und in grobe Stücke schneiden. Mit Milch, Sahne, Agavensirup und Cranberrynektar in den Blender geben.

2 Alle Zutaten mit Crushed Ice blenden, bis sie eine cremige und glatte Konsistenz haben. In ein gut gekühltes Grand-Cru-Glas abgießen.

3 Die Kiwischeibe an den Glasrand setzen. Dann Wellington Cream servieren.

KIRSCH-KOKOS-SMOOTHIE

Für 1 Drink:
300 g Kirschen
4 bl Kokos-Fruchtsirup
1 Limette
1 Zitronenspalte
2 bl Kokosraspel
1 Cocktailkirsche

1 Die gut gekühlten Kirschen waschen und entsteinen. Dann mit dem Kokossirup in den Mixer geben und fein pürieren. Limette auspressen und den Smoothie damit abschmecken.

2 Den Rand von einem Tumbler mit der Zitrone befeuchten. Kokosraspel auf einen Teller geben und Glasrand darin drehen. Dabei darauf achten, dass das Glas innen sauber bleibt.

3 Kirsch-Kokos-Smoothie in das Glas gießen. Den Drink mit der Cocktailkirsche garnieren und servieren.

Alternativ können für dieses Rezept auch tiefgekühlte Kirschen verwendet werden; dann reichen aber 250 g. Die Früchte vor dem Pürieren etwas antauen lassen.

FRUITY BANANA (ABB. S. 251)

Für 1 Drink:
½ Banane
5 bl Himbeeren
6 bl Joghurt
1 Pfirsich (Dose)
3 cl Kokos-Fruchtsirup
4 cl Maracujanektar
1 Himbeere für die Dekoration

1 Banane in grobe Stücke schneiden. Mit Himbeeren, Joghurt, Pfirsich, Kokossirup und Maracujanektar in den Blender geben.

2 Die Zutaten mit Crushed Ice blenden, bis das Ganze eine cremig-glatte Konsistenz hat. Dann in ein gut gekühltes Grand-Cru-Glas abgießen.

3 Die Himbeere dekorativ auf den Drink geben. Dann Fruity Banana servieren.

GREENY

Für 1 Drink:
1 Kiwi
2 cl Waldmeistersirup
½ Limette
20 cl Soda
1 Stängel Zitronenmelisse

1 Die Kiwi halbieren. Mit einem kleinen Kugelausstecher das Fruchtfleisch in Kugeln auslösen und in einen Tumbler geben.

2 Die Kiwikugeln mit dem Waldmeistersirup beträufeln. Dann die halbe Limette auspressen und den Saft mit in das Glas geben.

3 Den Drink mit Soda aufgießen. Die Zitronenmelisse dekorativ in das Glas setzen und dann Greeny servieren.

ALEGRIA (ABB. S. 253)

Für 1 Drink:
6 bl Joghurt
4 cl Erdbeermus
2 cl Vanillesirup
6 cl Maracujasaft
4 cl Ananassaft
1 Cocktailkirsche
¼ Ananasscheibe

1 Ein Shakerglas mit Eiswürfeln füllen. Joghurt mit Erdbeermus, Vanillesirup, Maracujasaft und Ananassaft dazugeben.

2 Den Shaker fest verschließen und alles kräftig shaken. Anschließend durch ein Barsieb in ein Grand-Cru-Glas abstrainen.

3 Das Glas mit Eiswürfeln auffüllen. Die Cocktailkirsche mit einem kleinen Holzstäbchen an der Ananasscheibe feststecken. Auf den Glasrand setzen und Alegria servieren.

Expertentipp
Der Name dieses Drinks ist Programm – denn „Alegria“ ist das spanische Wort für „Freude“!

PEAR DREAM

Für 1 Drink:
½ reife Birne
6 cl Milch
6 bl Joghurt
1 bl Ahornsirup
1 Stängel Minze

1 Birne schälen, vierteln und vom Kerngehäuse befreien. Dann das Fruchtfleisch klein schneiden. In den Mixer geben und fein pürieren.

2 Milch mit Joghurt und Ahornsirup zum Fruchtmus geben. Das Ganze nochmals aufmixen.

3 Den Drink in ein gut gekühltes Longdrinkglas gießen. Durchrühren und die Minze dekorativ in das Glas setzen. Dann Pear Dream servieren.

REGISTER

TEXT- UND BILDNACHWEIS

Einleitungstext: Linda Freutel
Expertentipps: Enchilada Franchise GmbH
Rezepttexte: Enchilada Franchise GmbH mit Ausnahme von Seite 52 u., 76 u., 88 u., 106 u., 120 u., 122 u., 130 u., 132 u., 140 u., 148 u., 150 u., 170 u., 172 u., 174 u., 178 M. und u., 180 u., 182 u., 184 M. und u., 196 u., 198 u., 202 o., 216 u., 218, 228 u., 236 u., 238 u., 240 u., 242 u., 244 u., 246 u., 248 u., 250 u., 252 u. (Compact Verlag GmbH) und 192 u., 202 u. (StockFood)
übrige Texte: Compact Verlag GmbH
Abbildungen Vorwort und Einleitung: Manuel Reger 4 (2 x), 8 r., 9 u., 10 r. (2 x), 11 r. (3 x), 12 (5 x), 13 (4 x); shutterstock.com Dmitry Lobanov 6, 17 l., Wollertz 7 o. l., Tatiana Popova 7 u. l., MariusdeGraf 7 u. r., 14 u. r., Evgeny Karandaev 8 u. l., 10 l., 11 l., 15 u., Razmarinka 9 o., 14 o. l., Igor Klimov 14 o. r., Alexey Lysenko 15 o., Africa Studio 16 l., Christian Jung 16 r., Jag_cz 17 r., BlueOrangeStudio 18
alle Rezeptabbildungen (S. 19–253): Manuel Reger
Illustrationen Cocktailkarte und Profi-Drink: fotolia.com/leremy
Illustration Express-Drink: fotolia.com/andròmina
Illustration Zettel: fotolia.com/pico
Rahmen Polaroidbilder: fotolia.com/Beboy